リーダーのための
経営心理学
人を動かし導く50の心の性質

MANAGEMENT PSYCHOLOGY FOR A LEADER

公認会計士、税理士、
心理カウンセラー
藤田耕司
KOJI FUJITA

はじめに　～経営・ビジネスをする前に人間の研究をしたか～

「人はどうやったら動いてくれるのだろうか？」

日々の仕事をする中で、こんな疑問が頭に浮かぶことはないでしょうか。


経営やビジネスは人を動かし導くことです。

従業員や部下という「人」。

お客様という「人」。

その他、仕入先や外注先、社外のパートナーなど、様々な「人」。

経営やビジネスに携わる人たちは、こういった「人」を動かし、経済の流れを生み出すべく、人と会い、会話し、メールを送り、書類を作り、日々、様々な活動をしています。


リンカーンはこんな言葉を残しています。

「もし木を切り倒すのに6時間与えられたら、私は最初の4時間を斧を研ぐのに費やすだろう」

斧を研がないまま6時間木を切り続けるよりも、十分に斧を研いでから木を切る方が早く木を切り倒せる。準備のための時間を惜しみ、準備をしないままに物事に取り組むよりも、時間を費やしてでも十分な準備をしてから物事に取り組んだ方が、早く確実に成果を出すことができる。この言葉にはそんな意味が込められています。

では、経営やビジネスにおける準備とは何でしょうか。

経営やビジネスが人を動かし導くものである以上、「人はどうやったら動いてくれるのか」ということについて人の心の理解を深めることは必要な準備の一つと言えるでしょう。

「会社を経営するうえでも成功しようと思ったら、人間とはこんなもんやという本質を知る、そこから出発しないといかん。諸君は大学で人間について研究したか」

これは経営の神様と呼ばれた松下幸之助氏の言葉です。

社会の中で生きていくためには社会のルールを知らなければなりません。そのため、社会のルールを学びます。

同様に、人に動いてもらおうとするならば、人の心の性質を知らなければなりません。

私は高校生の頃から人の心の性質について強い興味を抱いてきました。心理学や脳科学などに関する書籍を読み、様々なセミナーを受け、知識を得ていきました。しかし、そういった知識は現場で活用できてはじめて価値を持ちます。現場で活用し、様々な実体験がそういった知識とリンクすることで、その知識はいろいろなところで応用が利く知恵に変わります。私は学んだ知識を経営やビジネスの現場で活用し、少しずつ成功体験、失敗体験を積み上げていきました。その成功体験、失敗体験を積み上げるうえで大きな役割を果たしてくれているのが、公認会計士・税理士の資格です。

私は公認会計士・税理士として多くの企業の経営やビジネスに関わり、様々なご相談に応じてきました。公認会計士・税理士が応じる相談は一般的には数字に関するものが多いです。しかし、経営者は数字のみならず、経営の相談ができる相手を求めています。そのため、私は内容に制限を設けず、幅広くご相談を受けてきました。そういった中で感じたこと、それは経営やビジネスの問題の多くは「人」の問題に行き着くということでした。

従業員、上司、部下という人、お客様という人。

そういった「人」の問題のご相談に応じる際に、私は心理学・脳科学の視点から問題を分解してご説明し、そのうえで解決策をご提案してきました。この方法は、人の心の性質について、論理的に理解していただき、その理解に基づいて現場での対応にあたっていただくため、現場で高い効果をあげてきました。その結果、多くの経営者や管理職の方は心理学や脳科学の話に強い関心を持ってくださいます。

そして、心理学・脳科学の知識は、これまでの経験の中で培ってきた人の性質に対するご自身の感覚と通ずるものがあると納得されたり、新たな気付きを得たりもされます。

「今まで人の性質について何となく感じていたことは心理学的にも正しかったんですね！」

「確かに人間ってそういうところがありますよね。分かる！　心理学って面白いですね」

そんな声をよくいただきます。

このように現場の感覚と心理学がリンクすると、経営やビジネスに新たな可能性が生まれます。

ある営業部長の方はこんなふうに言って喜んでくださいました。

「藤田さんの心理学の話を聴いていて、今まで自分がやってきた営業のやり方は心理学的にも正しかったんだということが分かって、何だか嬉しくなりました。感覚でやってきたことを理論で説明してくれると頭の中が整理できるから面白いですね。今まで部下にどうやって営業を教えていいのかが分からなかったのですが、これでやっと部下に営業を教えることができそうです！」

「人の心の理解を深めることで業績が変わった、仕事や人間関係が面白くなった」

「人の心について学ぶことで部下との関係が変わった、気持ちが楽になった」

多くの方からこういった声をいただき、また自分自身の経験からも、経営やビジネスを成功させるためには人の心の理解は欠かせないという考え方を明確に持てるようになりました。
そして、このことは今後の時代を生き抜くうえでも、より重要なものになると感じています。

少子高齢化、グローバル化、機械化。

今後の日本においてこの3つの流れは避けて通ることができません。特に機械化に関しては、人工知能や技術の急速な発達によって、そのスピードは今後、さらに加速していくことになります。一つのソフトの誕生によって、一つのビジネスモデルが成り立たなくなり、そこに関わる人の雇用が失われる。そんなことがいつ起きても不思議ではない時代になってきました。

「10年先、5年先どころか、3年先も読めない」

いろいろな経営者たちからそんな声を耳にします。

「今の自分の仕事が3年後にも確実に存在していると言えますか?」と聞かれて、自信を持ってYESと答えられない。そんな人がだんだんと増えてきているように感じます。

人工知能を搭載した機械はさらなる速さで進化し、これまで人間にしかできなかった仕事が機械でもできるようになる。それによってコストを大幅に削減することができ、業務の正確性もスピードも飛躍的に上がる。その結果、人間の仕事は機械に取って替わられる。これからそんな事例が次から次へと出てくると見込まれています。これまでに経験したことのないような速さで、環境が変化する時代、そんな時代が目の前に迫っています。

では、そのような時代を生き抜いていくために、今から何を準備すればよいのか。

明確な答えを出すことは難しいですが、考え方の指針となるのが、どれだけ環境が変化しても、人間を相手に仕事をすることは変わらないということ、そして、機械化が難しいと言われている仕事の一つが、人の心を扱う仕事だということです。

人の心を扱う仕事とは、例えば、相手の感情に合わせた対応をする、リーダーシップを発揮してチームをまとめる、人間関係を調整し物事を前に進める、交渉・商談や人材育成、そしてそういった仕事をするうえで必要となる信頼関係を築いていく、そんな仕事が挙げられます。今後は機械化される仕事から機械化が難しい仕事へ人がシフトしていくでしょう。そのため、人の心の理解を深めることは、今後の時代を生き抜くための大切な準備となると考えています。

こういった背景から、私はより多くの方に人の心の理解を深めていただきたいと思い、一般社団法人日本経営心理士協会を設立し、人材育成、組織作り、営業、交渉、コンサルティング等に関する人間心理を現場の実例を交えて体系的に学ぶ経営心理士講座を開催しています。

「会計士が心理学を教える？　意味が分からない……」

当初はこんなふうに言われ、冷ややかな対応を受けたこともありました。それでも、経営やビジネスを良くするためには人の心の理解は欠かせないという考えは変わらず、地道に活動を続けてきました。それからこの活動が徐々に口コミで広がり、今では多くの方からご支持をいただくようになりました。また、メディアに取り上げていただく機会も増えてきました。

「経営心理学」と聞くと、会社や事業を経営していくための心理学、ビジネスに関する心理学という意味で捉えられるかと思いますが、私はもう一つの意味を持たせています。

それは「自分」を経営するための心理学という意味です。様々な会社の経営やビジネスを見てきて思うのは、自分を経営できるかどうかと、会社やビジネスを経営できるかどうかは、基本的に比例しているということです。そのため、私がお伝えする経営心理学では、会社やビジネスという外部の世界と、自分という内部の世界の両方を経営できるようにすることをテーマとしています。そして、その両方の世界がリンクしていることに気付けると、色々な変化が生まれます。

本書は経営やビジネスで成果を上げるうえで、是非とも知っておいていただきたい人の心の性質について、これまでの現場で得た学びと、それに関わる心理学や脳科学などの知識、それから人の心の性質を知るうえで気付きを与えてくれる歴史上のエピソードなどについてお話しさせていただきます。

人の心の性質の理解を深め、経営やビジネスで成果をあげ、これからの激動の時代を迎えるにあたっての一助として本書をご活用いただければ幸いです。

2016年6月

藤田　耕司

目次

第5章

情緒的対話：感情を動かす力

第6章

論理的対話：偉大なる理由の力

装幀　斉藤よしのぶ
DTP　マーリンクレイン

第1章

MANAGEMENT PSYCHOLOGY FOR A LEADER

ビジネスの成功者は 心の専門家

第1節　人間の原理原則を学ぶことで人生の可能性は飛躍的に上がる

❶ 数字の裏には人間ドラマと心の動きが存在する

公認会計士・税理士、心理カウンセラー。

この肩書きで私は経営コンサルティング、会計・税務、企業研修、講演といった仕事をさせていただいています。

「公認会計士・税理士と心理カウンセラー？　その資格の組み合わせに意味はあるの？」

そう思われる方も多いのではないでしょうか。実際、名刺交換の際などによくこのような質問をされます。数字を扱う公認会計士・税理士、心を扱う心理カウンセラー、一見すると正反対のものであり、関係のない資格の組み合わせに見えると思います。

ところが、この組み合わせがとても高い相乗効果を発揮してくれています。

公認会計士や税理士は経済活動の結果としての数字を扱います。その数字の背景には様々な人間ドラマが存在します。従業員、お客様、仕入先、外注先といった人々の間でコミュニケーションが行われ、やりがいを感じたり、不安や焦りを覚えたり、苦しかったり、嬉しかったり、興味や関心を覚えたり、納得できたりできなかったりといった心や感情の動きとともに、お金のやり取りという経済活動が起こります。つまり、経済活動の背景には人の心や感情の動きが存在します。

そのため、公認会計士や税理士が扱う数字は人の心や感情の動きによって生じた経済活動を、会計というルールに基づいて表現したものとなります。美術は目で見た物を表現するアート、音楽は耳で聞いたものを表現するアートであるように、会計は人の心や感情の動きによって行われた経済活動を数字を使って表現するアートです。

これらの数字は主に過去の活動の結果を表します。その数字から会社の状況を分析し、未来の数字を良くしていくことが経営者やリーダーに求められます。その数字は人の心や感情の動きが伴うものである以上、数字を良くするためには人の心や感情の動きを良くしていかなければなりません。

数字と心はつながっています。

売上という数字を伸ばそうとするのであれば、お客様の心や感情を理解することが必要となり、組織のパフォーマンスを上げようとするのであれば従業員、上司、部下の心や感情を理解することが必要となる。であるならば、数字を良くするためには、人の心や感情について専門的な知識や深い洞察・経験を有していることが必要となる。

そのため、公認会計士・税理士と心理カウンセラーという組み合わせが高い相乗効果を発揮してくれています。数字から過去の傾向と現状を把握し、心理学を用いて人の心や感情の状態を良くすることで未来の数字を伸ばしていく。そんな仕事をしています。

このように書くと、さも計画的にこのキャリアを歩んだように見えますが、実はそうではありません。そもそも私が公認会計士・税理士の資格が取れたのは、心理学や脳科学を学んだおかげでした。

❷心理学、脳科学を学ぶことで想定外の人生が始まった

私が心理学、脳科学の勉強を始めたのは大学受験の失敗を経験した18歳の時です。

故郷の徳島県で公立高校に通っていた私は野球一筋の高校生活を送っており、偏差値という言葉も知らないような学生でした。高校3年生の時、初めて全国模試を受け、その時知った自分の偏差値は40そこそこ。その数字が良いのか悪いのかも分かりません。

高校3生年の夏、甲子園の県大会予選で我がチームは負け、高校野球生活にピリオドを打ち、そこから私は勉強モードに切り替えました。野球部の練習が厳しかったことから体力には自信があり、体力の限界まで勉強すれば第一志望の大学に合格できると思っていました。

第一志望の大学の偏差値は63。８月から２月までの半年間、勉強時間は誰にも負けないくらい勉強し、第一志望の大学のみを３回受験しました。受験勉強も本試験も、やりきった感がありました。

しかし、結果はすべて不合格。そして、浪人決定。それでも、ベストを尽くしたので後悔はありませんでした。しかし、あれだけ勉強したのに成績がさほど伸びなかったことから、浪人しても成績が上がらないのではないかという大きな不安を覚えていました。

そんな悶々とした日々の中、あることを思いつきました。

「勉強というのは脳ミソを使う。であれば勉強するよりも先に脳ミソの使い方を知った方が早いんじゃないか」

早速本屋に行き、脳に関する本を買って読み進めていくと、記憶のメカニズムに関する記述がありました。また、脳の本には心理に関する話も載っていたことから心理学にも興味を持つようになり、心理学の本も読み始めました。そんな脳や心の仕組みに関する本を読みながら、私は思いました。「もっと早くこれを知っておけば良かった……」と。

それから、そういった本の内容を基に、どういった憶え方をすると記憶の定着が良くなるのかを自分の頭で実験し、自分なりの記憶法をまとめていきました。

そして、浪人生活がスタートし、独自の記憶法に基づいた勉強を進めていきました。

その結果、成績はみるみるうちに上がり、夏の全国模試では第一志望だった大学がA判定。

そこで、急遽、第一志望を上方修正し、現役時代には受験することを想像すらしなかった早稲田大学を第一志望としました。

そして半年後、私は早稲田大学に合格し、キャンパスに立っていました。

想定外の人生の始まりです。

この成功体験が私の人生を変え、そして一つの確信をもたらしました。

「心理学や脳科学など、人間の原理原則を学ぶことで人生の可能性は飛躍的に上がる」


私は徳島から恐る恐る上京し、自動改札に戸惑い、電車の路線の多さに混乱し、標準語に気持ち悪さを覚えながらも、大学に入学しました。入学した学部は商学部。心理学、脳科学とは縁の薄い学部です。しかし、独学で心理学と脳科学の勉強を続けました。

学んでは実践、学んでは実践。そんな研究のような日々を過ごすうちに、「あの本に書いていたことはこういうことか！」と、学んだ知識が体験を伴って身になっていく感覚を覚えることに喜びを感じていました。こうして、自らの内面やコミュニケーションが変化するにつれ、少しずつ人間関係とその後の展開が変わっていきました。

当初、私は心理学を学ぶことで相手をコントロールできるようになるのではないかと考えていました。しかし、実践を繰り返す中で、コントロールすべきは相手ではなく自分だということに気付き始めます。そのことに気付いてからは、コミュニケーションや相手の反応に変化が生まれていきました。

大学3年時の進路選択の際には公認会計士の資格を取ることに決め、大学受験と同じく脳の性質や心理学に基づいた方法で勉強を進めた結果、公認会計士の資格を取ることができました。偏差値40そこそこの徳島の高校野球児が、6年後には東京で公認会計士として働いている。想定外です。

その時に改めて人間の原理原則を学ぶことで人生の可能性は飛躍的に上がるということを痛感しました。今の自分があるのは、心理学・脳科学などの人間に関する学びのおかげです。

第2節　現場の感覚と心理学がリンクすると仕事が面白くなる

❶現場で使える心理学の知識はこうやって生まれる

公認会計士、税理士は経営者の一番の相談相手と言われています。私も公認会計士、税理士の資格を持ち、経営コンサルタントとして、あるいは顧問税理士として大きな会社から小さな会社まで、様々な経営者の方から、ご相談を受け、現場を見てきました。公認会計士、税理士は多くの場合、数字に関するご相談を受けますが、私はご相談の内容には制限を設けず、どのようなご相談も受けてきました。マーケティング戦略から取締役会の進め方、組織の設計の仕方、人材採用、人材育成、さらには経営者の個人的な問題まで。

決算書を見ながらお話を伺えば、会社の状況はだいたい分かります。会社の状況が分かると経営者が抱えている悩みも見えてきます。

「経営の話が分かる人に悩みを相談したい」、それは経営者にとっての切実な願いです。

そのため、「○○の状況ですが、これはなかなか大変ですね。ご苦労されているんじゃないですか」と切り出すと、「いや、実は……」と、堰を切ったように悩みを話して下さいます。

相手の悩みを聴く時、私は言葉よりもむしろその言葉の背後にある心を聴きます。相手と同じ立場に立って、五感でその状況をイメージし、感情移入し、同じ心の動きを辿る。

感情は伝染します。話し手の感情が聴き手に伝染し、聴き手がその感情に深く共感することで話し手と同じ感情が生まれ、聴き手のその感情が今度は話し手に伝染する。

そうやって感情伝染の相乗効果が高まれば、安心して本音を話せる「場」ができます。「場」ができると相手は少しずつ本音で話してくれるようになります。本音が聴けないと経営の実態を正確に把握することができず、結果的に誤った助言をすることになりかねません。

本音が出てくると、場合によっては涙を流される方もいます。それくらい経営者やリーダーは悩んでいます。悩んでも誰にも相談できず、悩みを抱え込み、感情に蓋をしています。それが常態化すると、蓋をしているという自覚すらもなくなってしまいます。

危険な状態です。

その悩みの根本を辿っていくと、多くの場合、人の問題に行き当たります。役員・従業員という人、お客様、仕入先という人、自分という人。そして、人に関する泥臭い話が出てきます。表向きはどんなに綺麗なブランドをまとっていても、舞台裏にまわれば泥臭い話が山積み。経営の実態とは往々にしてそういうものです。

そこには様々な人間模様と喜怒哀楽、生の感情があります。

現場の人間模様と生の感情に触れ、経営コンサルタントとして意見を求められ、心理学や脳科学の知識を活用しながら助言をしていく。そして、現場の反応を見る。自分自身、様々な感情を味わいながら試行錯誤を繰り返し、少しずつビジネスの現場で活用できる人の心の性質に関する気付きを得ていきました。

その過程で気付いたことがあります。それは経営やビジネスにおける様々な問題を解決していく中で見出した人の心の性質は、とても汎用性が高く、一見、全く違う分野の問題でもその性質に当てはめて考えれば解決策が導けるということです。

例えば、マーケティングの中で見出した心の性質が、部下のモチベーションを上げるうえでも活用できたり、部下との信頼関係を築くために重要な心の性質が、営業にそのまま使えたり。リーダーシップ、人材育成、マーケティング、営業など、問題が生じる分野は多岐にわたりますが、それぞれの問題に関係するのは人であり、人の心の性質は共通しています。

つまり、人の心の性質を学ぶことで、人に関わる問題であれば、どのような分野の問題でも問題の本質を外すことなく、解決策を導いていくことができるようになります。

「会社を経営するうえでも成功しようと思ったら、人間とはこんなもんやという本質を知る、そこから出発しないといかん。諸君は大学で人間について研究したか」

「はじめに」で、この松下幸之助氏の言葉をご紹介した意図はここにあります。

❷心の性質について知れば百戦危うからず

経営やビジネスで良い結果を出す人は、人の心についての深い洞察があると感じます。それが心理学のような学問という形で学んでいなくとも、これまでの人生における経験から、本人の中で感覚知や直観として積み上げられたものがあります。こういった感覚知や直観に基づいた判断や行動が、お客様や従業員といった人の心を捉え、その結果が経済活動として数字で反映されます。そういった感覚知や直観を持つ彼らはいわば心の専門家と言えます。

勉強は嫌いだからと言って大学には行かずに10代で起業し、15年以上にわたり増収増益で会社を経営している社長がいます。彼に心理学の知識はありません。しかし、彼の経営に関する持論は泥臭い経営の現場から積み上げられた、正に生の心理学です。心理学の専門用語は使わず、それに代わる言葉を自らつくり、その言葉を使って分かりやすくお客様や従業員の心の動きについて話をします。人の心に対するとても鋭い洞察力を持った方です。

ある時、その社長に簡単な心理学の講義をしてみました。すると、「俺がいつも何気なくやっていることは心理学的にも正しかったんだ！」と喜んでいました。

このように現場の感覚と心理学の知識とを重ね合わせ、ぴったりはまった事例を見ていくと、とても興味深い学びがあります。こういった学びを深めるほどに、経営やビジネスがより深く、より面白くなっていきます。

「敵を知り己を知れば百戦危うからず」

中国・春秋戦国時代に書かれた兵法書『孫子』の一節です。

この考え方は現代の経営やビジネスにも当てはまります。お客様という「人」、従業員・上司・部下という「人」、そして自分という「人」について知ることができれば、経営やビジネスも危うからず。

経営やビジネスは人を動かし導くことです。

そのため、人を動かし導くために必要な心の性質について知ることは、経営・ビジネスで成果を上げるうえでも大きな意義を持ちます。

そこで、経営やビジネスのコンサルティングをする中で、現場で成果をあげてきた心理学の知識を経営心理学として体系化し、私が主宰する経営心理士講座でお伝えしています。これまでのべ1万人超の方が受講され、受講者の方は素晴らしい成果を残しておられます。

また、「はじめに」でも書かせていただきましたが、私は「経営心理学」という言葉に、会社や事業を経営していくための心理学、ビジネスに関する心理学という意味と、「自分」を経営するための心理学という意味を持たせています。

様々な会社の経営やビジネスを見てきて思うのは、自分を経営できるかどうかと、会社やビジネスを経営できるかどうかは、基本的に比例しているということです。そのため、私がお伝えする経営心理学では、会社やビジネスという外部の世界と、自分という内部の世界の両方を経営できるようにすることをテーマとしています。そして、その両方の世界がリンクしていることに気付けると、色々な変化が生まれます。

本書では経営心理学の内容のうち、基本的な部分についてお話しさせていただきたいと思います。

第３節　人工知能が人間の仕事を奪う時代

人の心の性質について学ぶことの意義は、機械の進歩とも大きく関係しています。

新たな機械が開発されたという報道を聞くと、「すごい！」「それは便利だ！」といった好奇心を抱くかと思いますが、近年のこういった報道には好奇心を超えて恐ろしさを覚えることが増えてきました。機械の進歩はここまで進んでしまっているのかと。

機械の開発の主な目的が、①人の手間を減らすこと、②人にはできないことをできるようにすること、だとすると、①の目的は人の仕事を機械が奪うことを意味します。

近年では人工知能、認知システム、ビッグデータが連携することで、状況把握、判断、行動といった一連の流れを行うことができる機械が開発されています。

これにより、これまでは人にしかできなかった仕事が機械にもできるようになってきており、この流れは今後さらに加速していくと予想されています。

「半導体の集積密度は18～24カ月ごとに倍になる」

これはインテル社の共同創設者、ゴードン・ムーア氏が唱えたムーアの法則といわれる法則です。この法則は機械の進化の速度を表す一つの指標となっています。

1の速度は18カ月後には2に。さらにその18カ月後には2が4に。4は8に。8は16に。はじめは小さな数字でもこれを10回繰り返すと、その速度は1024に。20回繰り返すと、104万8576に。30回繰り返すと、10億7374万1824に。

このように、機械の進化は加速度的なスピードで進んでいきます。そのため、今後の時代においては、これまでの時代とは比べものにならないほどの速度で業務の機械化が進んでいくと言われています。それはつまり、人間の仕事が機械に奪われていく速度も加速度的に上がっていくことを意味します。

人工知能の研究に携わる英オックスフォード大学のマイケル・オズボーン准教授は、今後10～20年で、アメリカの総雇用者の約47%の仕事が機械によって自動化されるリスクが高いと結論づけました。つまり、今後20年以内にアメリカにおいて既存の仕事の半分はなくなる可能性が高いということです。

機械化されやすい仕事と、機械化されにくい仕事。

これからの時代においては、仕事についてこの２つのタイプ分けが重要になるでしょう。今の自分の仕事、あるいはこれからやろうとしている仕事がどちらのタイプの仕事なのかを見極めることが求められます。

自らのキャリアを考えるうえでも、機械化されにくい仕事についての経験やスキルを磨くように意識することが重要になるでしょう。また、売上の多くが機械化されてなくなると見込まれている事業から生じている企業であれば、すぐにでも機械化されにくい分野で新たなビジネスモデルを構築する必要があります。実際、私の身の回りだけでも新たなビジネスモデルの構築に向けて動いている経営者が、最近、急に増えています。

では、機械化されにくい仕事とは何でしょうか。もちろん今後の機械化の状況が読めない限り、その仕事を明確に列挙することはできませんが、一つ言えるのは、人間にあって機械にはないもの、つまり心や感情を扱う仕事ではないかということです。

ＭＩＴスローン・スクール経済学教授のエリック・ブリニョルフソン氏とＭＩＴスローン・スクール、デジタル・ビジネス・センター主任リサーチサイエンティストのアンドリュー・マカフィー氏は著書『機械との競争』の中でこう述べています。

「ソフトなスキルの中でも、リーダーシップ、チーム創り、創造性などの重要性は高まる一方である。これらは機械による自動化が最もむずかしく、しかも起業家精神にあふれたダイナミックな経済では最も需要の高いスキルだ」

リーダーシップを発揮し、チームをまとめる。信頼関係を構築する。交渉を重ね、お互いにＷＩＮ－ＷＩＮとなる展開に導く。人間関係を調整し、物事を前に進める。人を育てる。人を励まし、勇気づけ、モチベーションを上げる。人々を感動させる作品を創造する。

このような人の心や感情を扱う仕事が機械化が難しい仕事として、今後、機械化が進むにつれて注目されるようになり、機械化される仕事から、機械化が難しい仕事へ人はシフトしていくでしょう。

また、機械化のみならず、少子高齢化やグローバル化も今後の日本においては避けて通れない流れとなり、これからの時代はこれまでに経験したことのないほどの速さで変化していくことになります。

ただ、どれだけ時代や環境が変わっても、経営やビジネスは「人」を相手にするということに変わりはありません。そして、その「人」の心の性質も変わるものではありません。そのため、情報や知識が次から次へと生まれては陳腐化する激動の時代においては、心の性質という不変のことを学ぶ意義はより高まっていくと思われます。

これからの激動の時代を迎えるにあたって何をすべきか。

その答えの一つがここにあると感じています。

第2章

MANAGEMENT PSYCHOLOGY FOR A LEADER

人を動かし導く
4つの要素

第1節 「何を伝えるか」と「誰が伝えるか」

経営・ビジネスは人を動かし導くことを目的とします。

従業員、上司・部下という人。お客様という人。その他多くの利害関係者。相手も自分も豊かになるように人を動かし導くことができれば、成果も数字もついてきます。

人を動かし導く力、この力を一言で表現すると「影響力」という言葉になるのではないかと思います。経営の現場では強い影響力を発揮し、人を動かし導くリーダーもいれば、そうではないリーダーもいます。

この影響力の差がどのように生じているのでしょうか。

私は経営・ビジネスの現場において、経営コンサルタントあるいは顧問税理士として、優れた実績を残している経営の事例や、窮地に苦しんでいる経営の事例などを見てきました。そういった事例の中で、影響力を発揮しているリーダーとそうではないリーダーのコミュニケーションや在り方を見ていくうちに、強く感じたことがあります。それは強い影響力を発揮している人のコミュニケーションや在り方は、心理学や脳科学等の観点から見ても非常に理に適ったものであるということです。

強い影響力を発揮し、優れた実績を残しているリーダーは、人の心についての感度が高く、そこで感じたことを自らの発言や行動に反映させ、リーダーとしてそのチームや組織にとって相応しい振る舞いをとっています。

人の心についての感度というのは感覚的なものです。ただ、心理学や脳科学などの知識をそういった感覚に照らし合わせていくことで、その感覚はよりはっきりと意識することができ、そして磨かれていきます。そういった感覚を磨き、影響力を発揮するためのコミュニケーションや在り方を身に付けるための一助として、私が現場で感じたことと心理学や脳科学などの話をしていきたいと思います。

影響力を発揮するコミュニケーションとはどういったものかを考える時、まず意識が向くのは何をどう伝えるかということではないかと思います。確かに、何をどう伝えるかによって相手の反応や行動は大きく変わります。ただ、影響力というのは「何を伝えるか」だけで決まるものではありません。他にも様々な要素が関係し合うものです。その中でもとりわけ重要なのが「誰が伝えるか」という要素です。

場合によっては、「何を伝えるか」よりも「誰が伝えるか」の方が、はるかに大きな影響力を持つことがあります。

例えば、事業をいくつも成功させ、会社を上場させた有名な経営者から「本気で仕事をやってるか?」と言われるのと、アルバイトの経験もない大学生から「本気で仕事をやってるか?」と言われるのとでは、その言葉の響き方は大きく異なるでしょう。

あるいは、長年お世話になっている恩師から「仕事を手伝ってくれないか」と言われるのと、過去に何度か騙されたことがある知り合いから「仕事を手伝ってくれないか」と言われるのとでは、その言葉を受け入れるかどうかの判断は全く異なると思います。

この「誰が伝えるか」という要素が持つ影響力はどこからくるのか。

その問いに対する解は様々なものが考えられますが、私は信頼の有無というところが大きいと感じています。人は信頼できない相手から言われた言葉には聞く耳を持ちません。そのため、信頼のない状態において、言葉はほとんど力を持たないと言えるでしょう。一方で、相手から信頼を得ていると発する言葉に力が宿ります。言葉に力を宿すもの、それが信頼です。

信頼を得ることが、いかに大きな影響力をもたらすかということについて、印象に残っている話があります。

ガッツ石松氏、井岡弘樹氏ら6人の世界チャンピオンを育て上げたエドワード・タウンゼントという名ボクシングトレーナーがいます。彼は来日した際、当時は当たり前だった竹刀で叩いてしごく指導方法を真っ向から否定し、ハートで関わっていく育成スタイルを貫きます。選手の試合の後、彼は勝った選手の祝賀会には参加せず、負けた選手に付いていました。

「勝った時には友達大勢いっぱい出来るから私いなくてもいいの。誰が負けたボクサー励ますの？　私負けたボクサーの味方ね」

彼は勝った選手への賞賛よりも、負けた選手に対するケアを優先していました。

「勝った時は会長がリングで抱くの。負けた時は僕が抱くの」

彼は負けた選手と負けの苦しさ、悔しさ、悲しさを共に味わい、選手を励ましました。負けた時に受けた恩ほど心を打つものはありません。

また、彼は勝てる見込みがないと判断すると、タオルを投入するのはどのトレーナーよりも早かったと言われています。

「ボクシング辞めた後の人生の方が長いのよ。誰がそのボクサーの面倒を見てくれるの？　無事に家に帰してあげるのも私の仕事ね」

このように、選手にハートで関わることによって、彼は選手から厚い信頼を得るようになります。そして、厚い信頼を得た彼の言葉には強い力が宿り、選手の心を動かしていきます。

そういった指導のもと、彼は６人もの世界チャンピオンを育て上げました。

相手から信頼を得ると、多くを語らずとも相手を動かし、導いていくことができます。

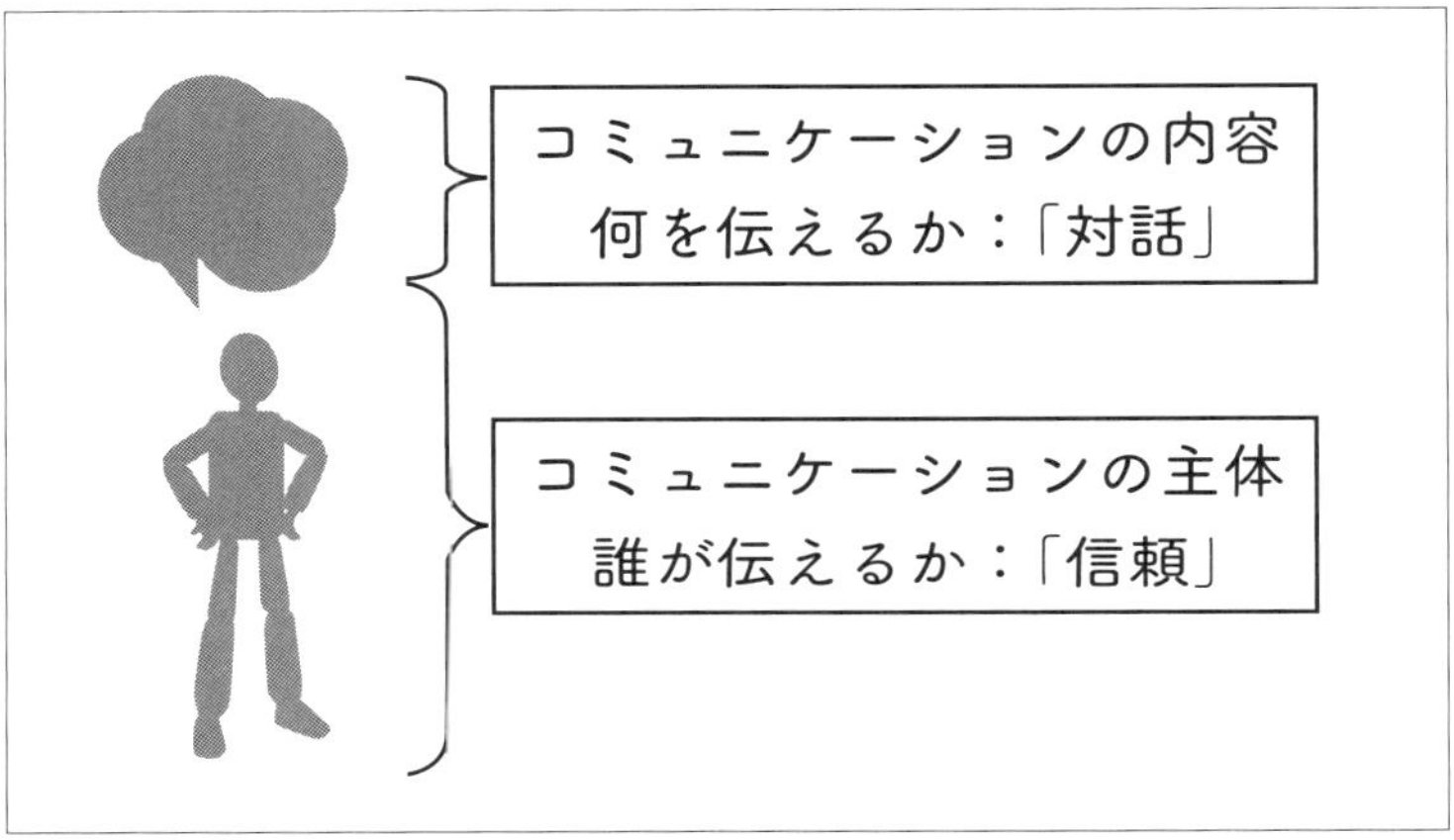

このように、「何を伝えるか」の前提として、「誰が伝えるか」という要素が強く関係します。

私は「何を伝えるか」というコミュニケーションの内容としての要素を「対話」と呼び、「誰が伝えるか」というコミュニケーションの主体としての要素を「信頼」と呼んでいます。ここでいう「対話」とは、相手を動かし導くためには、どのようなことを伝えればよいかということに関する要素であり、「信頼」とは対話の言葉が力を持つためには、相手とどのように信頼関係を築いていけばよいかということに関する要素です。

信頼は対話の言葉に力を宿すものであり、信頼なき対話に力はない。信頼と対話はこのような関係にあります。

そして、影響力という観点から、「対話」や「信頼」について考えるにあたり、その実効性を高めるうえで考慮に入れなければならないものがあります。それは人間の脳の性質です。

経営やビジネスにおいて影響力を発揮しようとする相手は人間です。そして、人間の発言や行動を司っているのが脳です。そのため、「対話」と「信頼」の各要素が影響力を発揮するうえで実効性の高いものであるためには、脳の性質を考慮に入れたものであることが必要です。

そこで、次に脳の性質について見ていきたいと思います。

第2節　人間の頭には感情の脳と論理の脳が共存する

近年、脳科学の研究が進んだことにより、脳の機能や心の性質に関して多くのことが明らかになってきました。脳の話となると難しそうに感じるかもしれませんが、重要な部分に要点を絞って簡潔にお話しさせていただきます。

人間の脳は大脳、脳幹、小脳などから構成されており、その約8割を大脳が占めます。その大脳には、本能、情動、感情、記憶などを司《つかさど》る大脳辺縁系と、言葉や知性、合理性、論理性、数字、高次の感情、創造性などを司る大脳皮質が存在します。

大脳辺縁系は大脳の中核に位置し、本能の脳、動物的な脳と言われます。一方、大脳皮質は

脳の構造

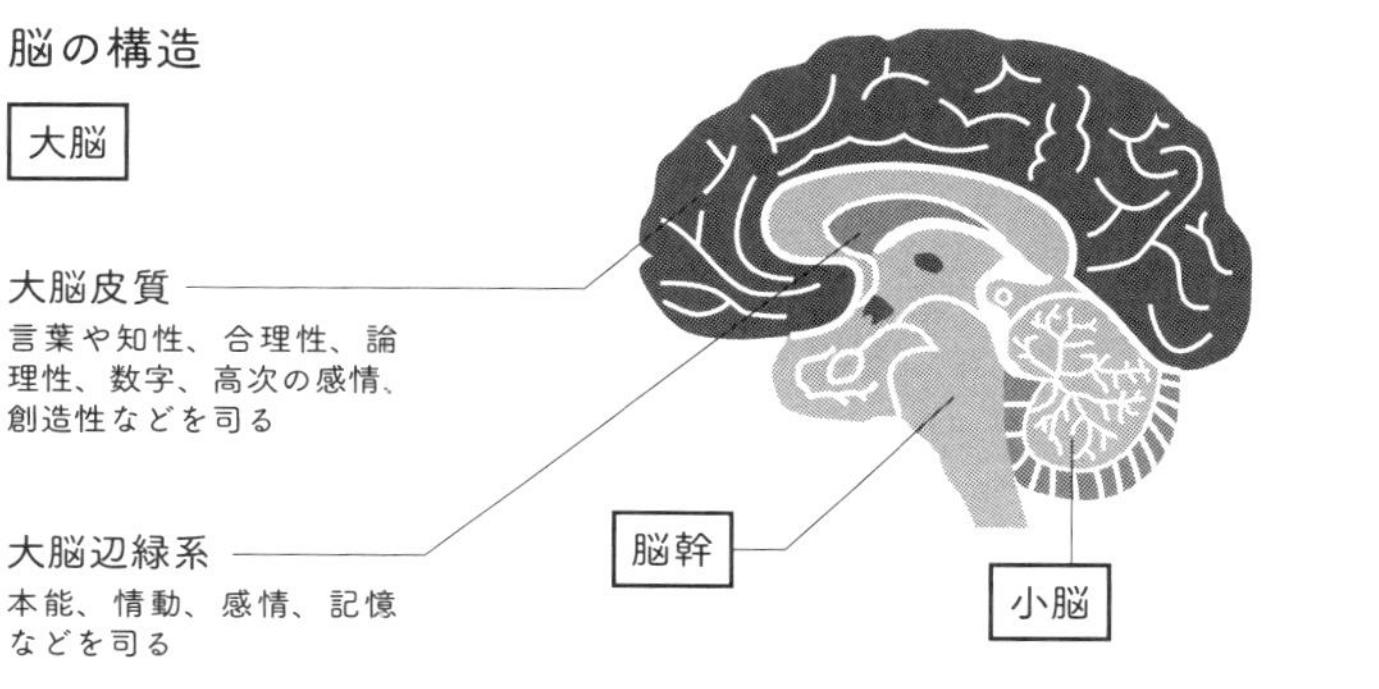

大脳辺縁系の上に覆いかぶさるように発達し、社会性の脳、人間的な脳と言われます。このように人間の脳の中には対照的な性格を有する部位が共存しています。

本書では記載をシンプルにするため、大脳辺縁系を中心とした感情、情動を司る部分のことを「感情の脳」、大脳皮質のうち、言語機能や知性、合理性、論理性、理性などを司る部分のことを「論理の脳」と呼ぶことにします。

対照的な性格を持つ感情の脳と論理の脳は、何らかのコミュニケーションをとる時、それぞれ独自の判断基準でコミュニケーションの内容を受け入れるかどうかを判断します。

感情の脳の判断基準は「快か不快か」であり、「感じる」ものを扱います。

「快」には、嬉しい、楽しい、面白い、気持ちいい、心地よいといった感情、感覚があります。

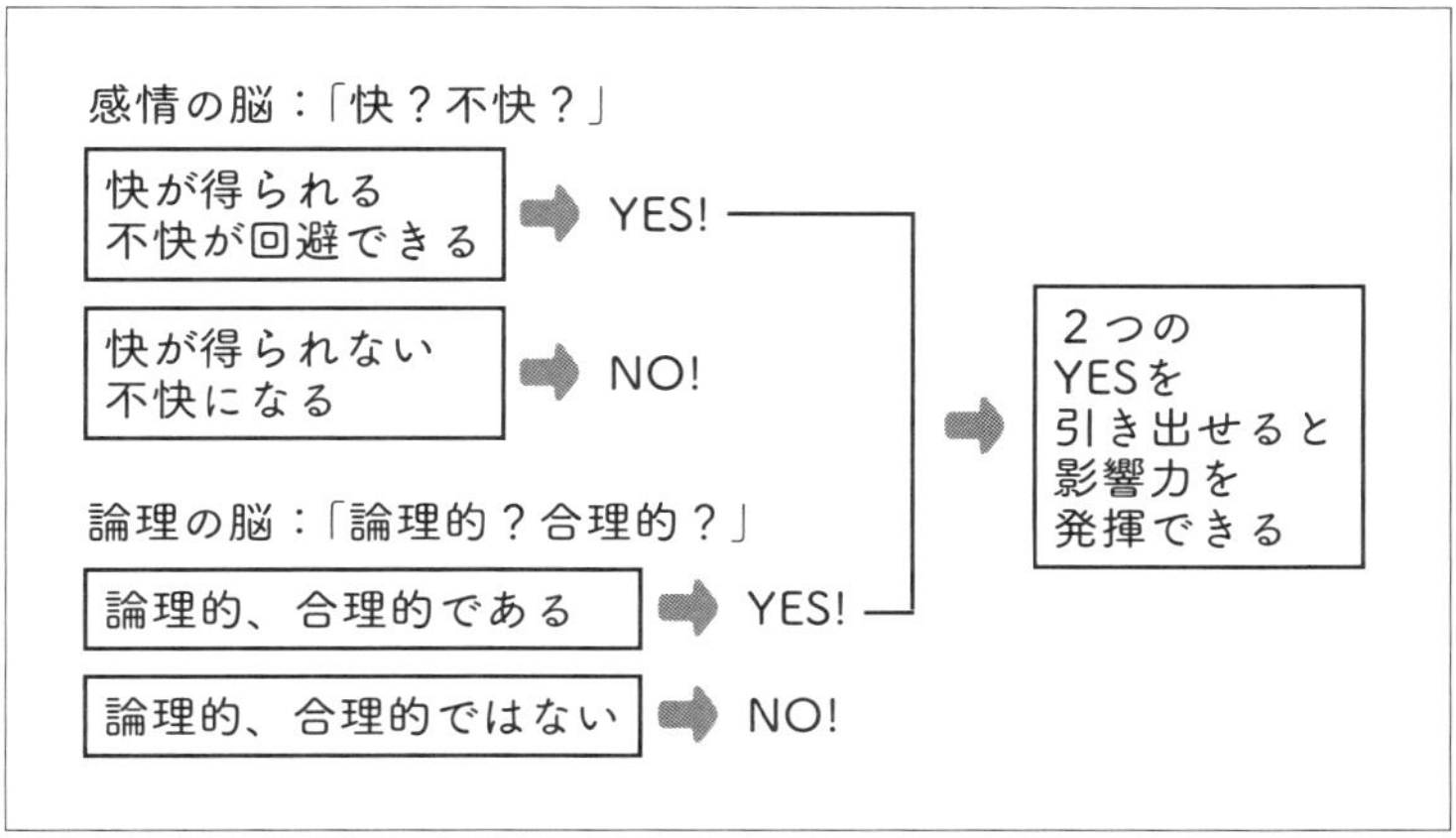

一方、「不快」には、悲しい、つらい、寂しい、怒り、不安、気持ち悪い、つまらないといった感情、感覚があります。

人間は様々な欲求を覚えます。基本的には、この欲求が満たされた時に快を覚え、欲求が満たされない時に不快を覚えます。感情の脳は、コミュニケーションに快を覚えた時にＯＫを出し、不快を覚えた時にＮＯを出します。そして、不快が回避できると思った時にＯＫを出し、快がなくなると思った時にＮＯを出します。

一方、論理の脳の判断基準は「論理的か、合理的か」です。

理由や根拠を求め、ロジックが成り立っているか、論理的かどうかを判断します。また、内容を吟味する、分析する、計算する、比較検討するなどして、合理的な判断をしようとします。

コミュニケーションに論理性、合理性があると判断すれば、論理の脳はOKを出します。

このように、人はコミュニケーションをする際に感情の脳と論理の脳の両方の脳の判断を総合的に勘案したうえで、意思決定を行い、行動に移します。こうすることで社会生活の中で秩序を保ちながら一つの個体として生きていくためのバランスをとっています。

こういった脳の構造上、影響力を発揮して人を動かし導くためには、両方の脳からOKを引き出すコミュニケーションが必要となります。

第3節　感情を動かす対話、合理性を示す対話

人間には感情の脳と論理の脳の2つの判断基準が存在することから、「何を伝えるか」に関する対話の内容についても、その内容を「快と感じるか、不快と感じるか」という情緒的な側面と、「論理的か、合理的か」という論理的な側面の2つの基準を満たすことが重要です。

前者に関連して、快の感情をもたらし、不快の感情を取り除くことで、感情の脳からOKを引き出す対話を「情緒的対話」と呼んでいます。

一方、後者に関連して、論理的・合理的に筋道を通して話し、論理の脳からOKを引き出す対話を「論理的対話」と呼んでいます。

対話において相手に自分の言葉を受け入れてもらうためには、情緒的対話であり、かつ論理的対話であるということが必要になります。

例えば、ビジネスでの契約交渉の際、丁寧に礼儀正しく、その契約からもたらされる展開がいかに素晴らしいものかについて情緒豊かに話し、快の感情をもたらして、相手の感情の脳からＯＫを得たとしても、相手の論理の脳は金額や内容、契約条件、同業他社の情報などを確認し、予算や預金口座の残高を考えます。そして、この金額を支払うことに合理性はないと判断した場合、論理の脳はＯＫを出しません。

逆に、金額や内容、契約条件などが良く、相手の論理の脳からＯＫを得たとしても、相手の言い方や態度が気に喰わなかったり、感覚的にその契約内容に魅力を感じなかったりすると、相手の感情の脳はＯＫを出しません。

つまり、契約交渉における対話が、情緒的対話であり、かつ論理的対話である時に、両方の脳がＯＫを出し、相手は契約書にサインをしてくれます。

上司、部下、お客様、社外のパートナーといった様々な人たちと良好な関係を築き、人間関係を調整し、仕事をどんどん前に進める人たちは、相手にもメリットのある提案を、相手の感情の状態を良くしながら情緒を織り交ぜて、論理的に分かりやすく話すという、情緒的かつ論

コミュニケーションの内容
何を伝えるか：「対話」

- 感情の脳：「快？不快？」
→情緒的対話：感情を快の方向に刺激する

- 論理の脳：「論理的？合理的？」
→論理的対話：論理的、合理的に話す

理的な対話を高いレベルで行っていると感じます。

自己紹介でも感情の脳と論理の脳の両方からＯＫを引き出す自己紹介には好感を覚えます。

ビジネスの場では、名前、会社名、どんな仕事をしているかといった内容については、ほぼすべての方が話すと思いますが、それだけで終わった自己紹介だといわゆる普通の自己紹介であり、「良かった！」と感じることはあまりないのではないでしょうか。

では、どういう自己紹介が「良かった！」と思えるのか。それは感情を動かす自己紹介です。面白い、楽しい、共感した、親近感を覚えた、そんな風に感情を動かす。

情緒豊かな話し方、ユーモラスな話し方、誠実な話し方、個性的な話し方、そういった話し方で感情を動かす方法もあれば、体験談や想いを話して感情を動かす方法もあります。

あるビジネスマンの方はこんな自己紹介をされました。

「はじめまして。株式会社○○の○○と申します。仕事は△△をやっています。実はお恥ずかしい話なんですが、昨日、妻と喧嘩してしまいまして、晩ごはん抜きにされ、今朝もごはん作ってくれなかったので、今日はほとんど何も食べてません。なのでお腹が鳴ってうるさいかもしれないのではじめに謝っておきますね（笑）。

こんなひどい目にあっている私ですが実はちょっとした夢がありまして、妻がイタリアに行きたいってずっと言ってるので、妻とイタリアに行くのが夢なんです。そのために毎月少しずつ妻に内緒でへそくりを貯めてます。へそくりなんて貧乏くさいと思われるかもしれませんが、ささやかな夢のために頑張って貯めてます（笑）。そんな自分ですが、宜しくお願いします！」

この自己紹介の後、会場から拍手が起きました。私の心にも印象に残る自己紹介でした。名前や会社名、仕事の内容などの説明は論理的な部分であり、奥さんの話や夢の話は情緒的な部分です。論理的な部分が欠けるとそもそも自己紹介にならない。一方で、情緒的な部分が欠けると面白みがない。両方満たしてはじめて印象に残る素敵な自己紹介になります。

第4節　人間性が信頼できる人、能力が信頼できる人

対話の言葉に力を宿し、影響力を発揮するうえで、コミュニケーションの主体には信頼が求められます。この点、感情の脳と論理の脳の2つの性質からすると、信頼に関しても、情緒的な側面と論理的な側面があります。前者を人間的信頼、後者を能力的信頼と呼んでいます。

人間的信頼は、人柄や人間性に関する信頼です。

一方、能力的信頼は、実際の仕事ぶりや、過去の実績・経験、他者からの評価、地位、肩書き、資格、認可、学歴、年齢などから判断する、その人の能力に関する信頼です。

天才肌で鋭い視点を持ち、仕事はサクサクこなしていくため能力的には信頼しているが、ドライで人を見下したような態度をとるので人間的には信頼していない。

一方、仕事の内容に光るものがなく、要領も良くはないので能力的にはあまり信頼していないが、人柄が良く、誠実に対応し、責任感もあるので人間的には信頼している。

それぞれのタイプの人、周りにいないでしょうか。

仕事はできるのに出世できないという人がいます。

コミュニケーションの主体
誰が伝えるか：「信頼」

●感情の脳：「快？不快？」
→人間的信頼：人間性や人柄に関する信頼

●論理の脳：「論理的？合理的？」
→能力的信頼：能力に関する信頼

なぜ出世できないのか、それは周囲からプレイヤーとしての能力的信頼は得ているものの、人間的信頼が得られていないことが原因ではないかと思われます。人間的信頼のない人間が人の上に立つと、メンバーのモチベーションは下がり、組織は弱体化していく可能性が高いため、経験豊富な評価者は人間的信頼のない人間を上のポストに引き上げようとはしません。

また、接待営業で相手とずいぶん仲良くなったにもかかわらず、いつまで経っても契約が取れないという人もいます。この場合は、人間的信頼は得られているものの、能力的信頼が得られていないのかもしれません。いくらいい人だと思っても、能力的に信頼できなければ仕事を依頼しようとは思えないでしょう。

前者も後者も相手と深い信頼関係を築くことが難しいということは、感覚としてお分かりになるのではないかと思います。経営やビジネスにおいて相手と深い信頼関係を築くためには、人間的信頼と能力的信頼の両方を得る必要があります。

もっとも、どちらの信頼をより重視するかは、業務の内容等によって違ってきます。長期的に人との関わりを密に持ち、特殊な能力が求められないような業務においては、人間的信頼をより重視するでしょう。一方で、人とのコミュニケーションを必要とせず、特殊な能力を淡々と発揮することが求められるような業務においては、能力的信頼をより重視するでしょう。

これまでの内容をまとめると、影響力という観点からコミュニケーションを考えた場合、「何を伝えるか」に関する要素である「対話」は情緒的対話と論理的対話とに分類され、「誰が伝えるか」に関する要素である「信頼」は人間的信頼と能力的信頼とに分類されます。この4つの要素に影響を与える項目をまとめたのが次の体系図です。

以降の章では、人を動かし導く影響力に関連する心理学や脳科学などの話を、対部下、対お客様の事例を交えながら、人間的信頼、能力的信頼、情緒的対話、論理的対話の4つの視点に分けてお話ししていきたいと思います。対話の前提として信頼の有無が大きく関係するため、

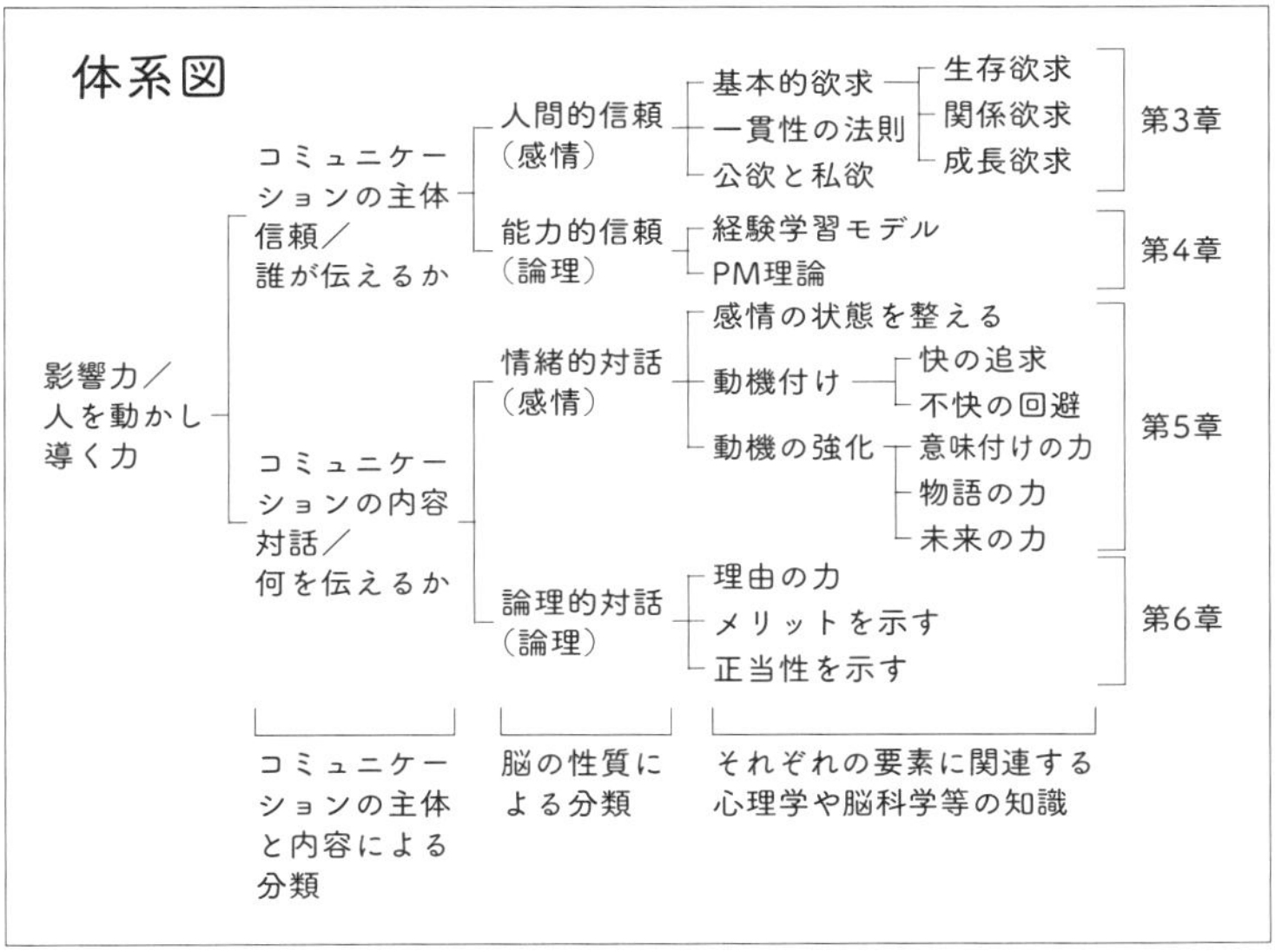

まず信頼について第3章、第4章で、その後に対話について第5章、第6章でお話しします。

また、経営やビジネスをする上で、重要なポイントとなる点を「心の性質」という形でまとめていきたいと思います。

第3章
MANAGEMENT PSYCHOLOGY FOR A LEADER

人間的信頼：
人間が本能的に求めるもの

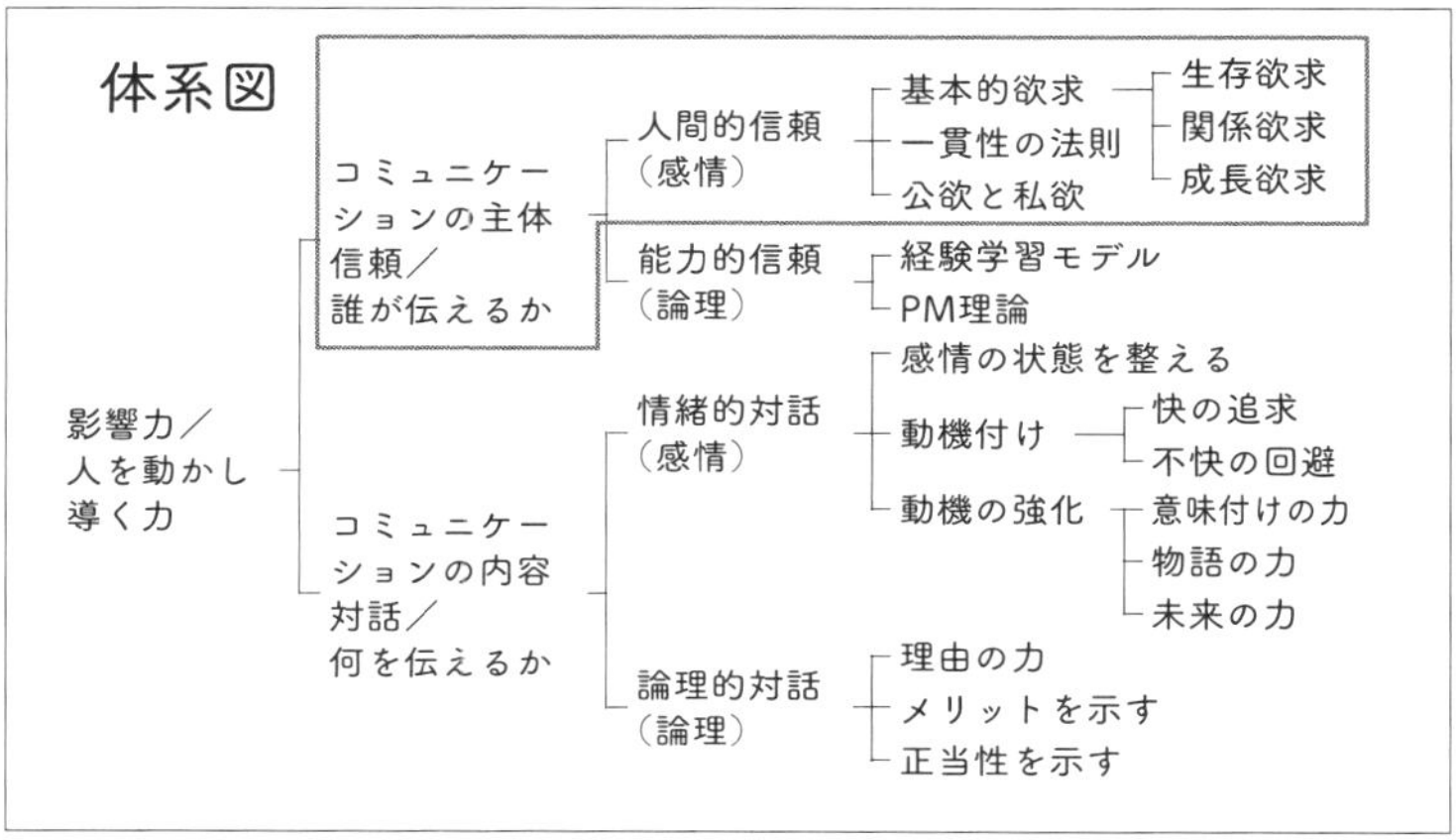

第1節　人間が抱く3つの基本的な欲求

❶どのような人に人間的信頼を感じるのか

人間的信頼は、人柄や人間性に関する信頼です。影響力を発揮し、人を動かし導くうえで、この人間的信頼は欠かせないものです。

「私の言うことを聞かない部下がいます。こういう部下に言うことを聞いてもらうためには、何と言えばいいですか」

こういったご相談をされることがあります。相手が言うことを聞かないといった問題は、多くの場合、「何を言うか」ではなく、「誰が言うか」に原因があります。つまり、相手との関係において信頼が得られていないことに原因があります。

信頼がない状況で何を言っても、その言葉は力を持たないことから、相手は言うことを聞かない。そのため、こういった場合はどのように信頼を得ていくかが問題となります。

このように、影響力を発揮するにあたっては、「言葉」に意識を向ける前に、「関係」に意識を向け、信頼を得ていくことがスタートとなります。

本章では人間的信頼を得るということについてお話ししていきます。

人はどのような相手に人間的信頼を感じるのでしょうか。

その答えは人の数だけ様々であって、理論や理屈で一義的に表すことは難しいでしょう。

私は経営者やビジネスマンを対象としたセミナーや講演、研修を行う際に、受講生の方に様々なテーマでディスカッションをしていただきます。そのテーマの中には、「どのような相手に人間的信頼を感じますか」というものもあります。また、いろいろな経営のご相談を受ける中で、経営者やビジネスマンの方に同様の質問をして意見を伺います。

人間的信頼について考える一つの切り口として、このディスカッションや質問の回答は興味深く、大変参考になります。頻繁に出る回答は次のような内容です。

・自分のことを認めてくれる人
・自分のことを理解してくれる人
・自分のことを思って叱ってくれる人
・自分に共感してくれる人
・自分に気付きを与えてくれる人
・自分に成長の機会を与えてくれる人

・裏表のない人
・一貫性のある人
・本音でしゃべってくれる人
・気配りができる人
・面倒見がいい人
・包容力がある人

・有言実行の人
・約束を守る人
・思いやりのある人
・Ｇｉｖｅの精神のある人
・謙虚な人
・自然体な人

これらの回答を見ると次のような項目に分けられます。

①：自分のことを認めてくれる人、自分のことを理解してくれる人など、自分を肯定的に評価してくれて深く関わってくれる人

②：自分に気付きを与えてくれる人、自分のことを思って叱ってくれる人など、自分を成長させてくれる人

③：裏表がない人、約束を守る人、有言実行の人など、発言や行動が一貫している人

④：Ｇｉｖｅの精神がある人、面倒見がいい人、思いやりがある人など、他の人のために動こうとする人

これらの生の声は心理学の理論に当てはめて考えると、とても興味深い発見があります。そ

こで、この回答を踏まえながら、人間的信頼にまつわる心理学の話をしていきたいと思います。

❷マズローの欲求段階説を進化させた理論

情緒的な側面を持つ人間的信頼は「快か、不快か」という判断基準と深く関係します。そして、快、不快という反応は人間が抱く欲求と関連します。人は欲求が満たされた時に快の感覚を覚え、欲求が満たされなかった時に不快の感覚を覚えます。欲求の種類は多岐にわたりますが、人間が抱く根本的な欲求に関して、アメリカの心理学者アブラハム・マズローは「欲求段階説」として次の欲求を挙げています。

- **生理的欲求**：生命維持のための食事・睡眠・排泄等の本能的・根源的な欲求。
- **安全欲求**：安全を確保し、生命を脅かされないようにしたいという欲求。
- **社会的欲求**：情緒的な人間関係を求める、集団や組織に所属することを求めるなどして孤独を回避したいという欲求。
- **承認欲求**：他者あるいは集団から自分は優れた存在、価値のある存在だと認められたいという欲求、そして自らも自分自身のことをそう認めたいという欲求。
- **自己実現欲求**：自分の持つ能力や可能性を最大限に発揮し、創造的でありたいという欲求。

この欲求段階説は、生理的欲求が最も低次の欲求で、生理的欲求が満たされると安全欲求、安全欲求が満たされると社会的欲求という具合に、低次の欲求が満たされるとより高次の欲求を抱くようになると説明しています。

ただ、私の感覚としては、経営・ビジネスの現場で組織の活性化や人間関係の改善を進めていくうえで、「今、この人は社会的欲求が満たされている状態なのかな。だとすると、次は承認欲求を満たすことが必要なのかな」といったように分析していくのは現実的ではありません。相手がどこまでの欲求が満たされているかを正確に把握することはほぼ不可能です。

こういった知識はあくまで現場で活用でき、現場に変化をもたらすうえで実用的かどうかを重視すべきだというのが私の考え方です。

そういった考えから私が現場で活用しているのが、アメリカの心理学者クレイトン・アルダファーがマズローの欲求段階説を発展、修正し、提唱した「ERG理論」です。

ERGとは、次の3つの欲求を表す言葉の頭文字をとったものです。

・**Existence（生存欲求）**：生きることに対する物質的・生理的欲求で、食べ物や住環境などの欲求や賃金、雇用条件、安全な職場環境などに対する欲求。

・**Relatedness（関係欲求）**：家族や友人、上司、同僚、部下、その他重要な人と良好な人間関係を持ちたい、認められたいという欲求。

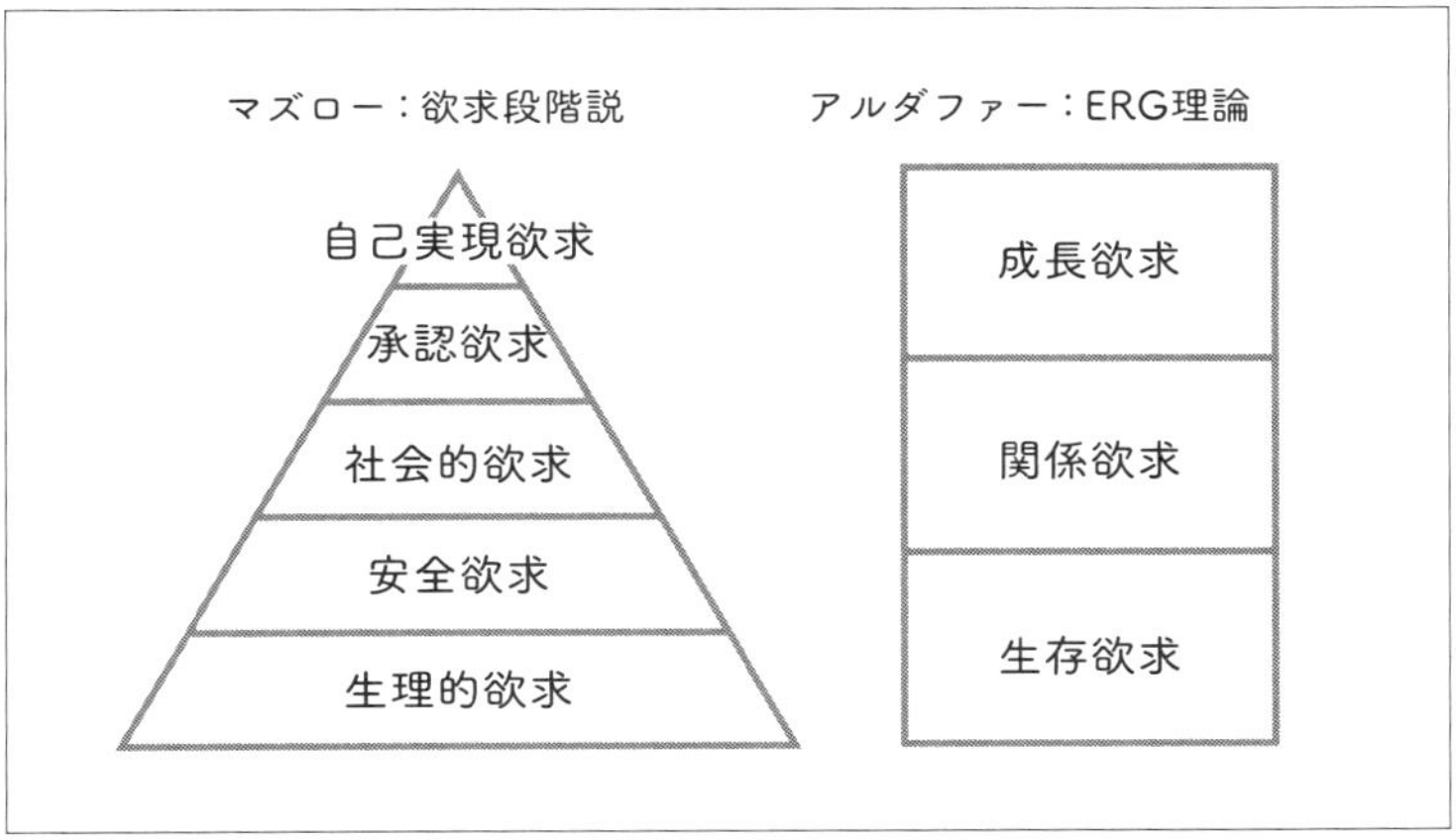

・**Growth（成長欲求）**：自分が興味を抱く分野で能力を伸ばし成長したい、苦手分野を克服したいという欲求や、創造的・生産的でありたいとする欲求。

アルダファーは現代のような安定した状況では、マズローの欲求段階説のように下位の欲求が満たされると上位の欲求が生じるという形で段階的に欲求が生じるのではなく、状況に応じて、３つの欲求が並列的に生じることがあるとしています。

このアルダファーのＥＲＧ理論は、マズローの欲求段階説よりもシンプルであり、現場の感覚に近いことから、私としても活用しやすいモデルであり、実際に組織の活性化や人間関係の改善において大いに効果を発揮しています。

このうち、関係欲求、成長欲求については、先程のディスカッションの発表結果に見られる項目の①②と対応しています。

①：自分のことを認めてくれる、自分のことを理解してくれるなど、自分を肯定的に評価してくれて深く関わってくれる人→関係欲求を満たしてくれる人

②：自分に気付きを与えてくれる、自分のことを思って叱ってくれるなど、自分を成長させてくれる人→成長欲求を満たしてくれる人

このERG理論を経営・ビジネスにおける人間関係に当てはめると、満足のいく雇用条件で給料を払ってくれ（生存欲求）、良好な関係のもとで自分のことを理解し認めてくれて（関係欲求）、自分を成長させてくれる（成長欲求）相手に人間的信頼を感じると言えるのではないかと思います。

実際に多くの会社を見ていると、従業員満足度が高い会社の経営者は何らかの形で従業員のこの3つの欲求を満たしている傾向にあります。

一方で、離職率の高い会社の経営者はこの3つの欲求のうちのいずれか、あるいは複数の欲求を満たすことができていません。給料が低すぎたり、従業員のことを怒ってばかりで褒めようともせず良好な人間関係を築けていなかったり、成長の機会を与えずにルーチンの仕事をただやらせるだけだったり。こういった関わり方では、従業員から人間的信頼を得ることは難し

く、その結果、離職率が高くなるのも無理はないのかもしれません。

生存欲求、関係欲求、成長欲求の３つを十分な水準で満たすのは決して簡単なことではありません。しかし、その３つを何とか満たそうと意識し、努力しようとする姿を見せることなく、人間的な信頼を得ようとしても、それは難しいと言わざるを得ません。

これは従業員との関係だけではなく、すべての人間関係においても当てはまることです。

▽心の性質１：生存欲求、関係欲求、成長欲求という根源的な欲求を抱いている。

第２節　「認められたい」という欲求

❶孤独は人間に強いストレスと不安をもたらす

では次に、人間的信頼を得るべく、生存欲求、関係欲求、成長欲求の３つの欲求をどのように満たしていくかについて話していきたいと思います。

まず、生存欲求についてですが、現代においては外敵から襲われる危険もなく、お金を払えば衣食住を満たすことができるため、生活できるだけの経済力を得ることで生存欲求を満たすことができます。そのため、相手の経済力の獲得を支援するような関わりをすることで、相手の生存欲求を満たすことができます。例えば、従業員に十分な給料を払うということは生存欲求を満たす行為だと言えます。

次に、関係欲求ですが、この欲求は組織や集団に属することで孤独を回避するとともに、その中で認められ、良好な人間関係を築きたいという欲求です。

人間は「人の間」と書くように、社会を形成し、その中で生きようとする社会的動物です。太古の時代、人間は一人で猛獣と戦えるだけの腕力や鋭い爪、牙などがない、弱い動物であったことから、集落を作って身を寄せ合うように生活し、チームワークを発揮して互いに協力し支え合うことで弱肉強食の時代を生き延びてきました。互いに支え合う姿を表す「人」という字は、正にこのことを象徴しています。

そのため、集落から排除されること、それはすなわち死を意味しました。数百万年にわたるそのような歴史的背景から、孤独は人間に強いストレスと不安をもたらします。

そのため、人間は組織や集団に属していたい、孤独になりたくないと願う存在だと言えます。

ただ、組織や集団に属していても、そこで誰からも相手にされなければ、かえって強い孤独感を覚えます。組織や集団のメンバーから必要とされ、仲間として受け入れてもらい、自分のことを認めてもらいたい。組織や集団に属した後は、こういった欲求を抱くようになります。認めてもらいたいという欲求には具体的には、自分のことを肯定して欲しい、受け入れて欲しい、褒めて欲しい、感謝して欲しい、話を聴いて欲しい、自分に関心を持って欲しいといった欲求が挙げられます。これは極めて強い欲求であり、この欲求が満たされないとストレスで健康を害することすらあります。

もし、会社の上司や部下、同僚、友人、家族など身の回りの人すべてが、自分のやることなすことすべてを否定し、話も聴いてくれず、自分のことを無視する、そんな日が続いたらいかがでしょうか。ほとんどの人は精神的にまいってしまうのではないでしょうか。ストレスで病気になり、身体も衰弱していく人も少なくないでしょう。

十分な食事と十分な睡眠さえとれていれば人間は健康に生きていくことができるかというと、そうではありません。人間は社会的動物としての性質を持つため、関係欲求が満たされることは生存欲求と同様、生きていくためには不可欠な欲求だと言えます。これが関係欲求です。

▼心の性質2：良い人間関係を築き、自分のことを認めてもらいたいという欲求を持っている。この欲求は健康状態にも影響を及ぼすほどに強い欲求である。

❷人は自分のことを認めてくれる相手を認めようとする

1232年、鎌倉幕府の執権、北条泰時が中心となって武士のための法令である「御成敗式目」を制定しました。この御成敗式目には「運」にまつわる次のような一文があります。

「神は人の敬によりて威を増し、人は神の徳によりて運を添ふ」

この一文は、神は人が敬意を払うことによってその力を増し、人は神の力によって良い運を与えられるということを意味します。

神に払った敬意が運となって返ってくる。敬意を払うことなく運を得ようとしてもそれは叶わない。つまり、運を得られるかどうかは自分の在り方によって決まる。この考え方は人間同士の関係にも当てはまります。

人は自分のことを認めてくれる相手は自分も認めようとし、自分のことを否定する相手は自分も否定しようとします。こういった心の作用を「返報性」と言い、前者を「好意の返報性」、後者を「嫌悪の返報性」と言います。

人間の心にはこの返報性が働くことから、自分のことを否定する相手を認める、自分のことを認めてくれる相手を否定するといったことは、心情的に違和感を覚えると思います。

このように、人間は鏡のように相手から受けた感情と同じ感情を相手に返そうとします。片想いのようにこちらが好意を寄せても同じ感情を返してくれない場合もありますが、まずはこちらから相手を認めないことには、相手から認められる関係を望むことは難しいでしょう。

そのため、相手から認めてもらい、信頼関係を築くためには、まずこちらから相手を認めることが必要になります。

アメリカ合衆国第16代大統領、エイブラハム・リンカーンはこう言っています。

「もし相手を自分の意見に賛成させたければ、まず諸君が彼の味方だと分からせることだ。これこそ、人の心をとらえる一滴の蜂蜜であり、相手の理性に訴える最善の方法である。一旦これが獲得できると、こちらの意見を認めさせるのに、大して手間はかからない」

サラリーマンを辞め、独立して間もないY社長は従業員との関係で悩まれ、ご相談にいらっしゃいました。

自分がこれだけ営業で仕事をとってきて、経営のリスクも全部背負って従業員を食べさせているのに、それが当たり前のような態度で感謝する素振りもなく、ろくに会社のことも考えず、のうのうと仕事をしている。そういう態度に腹を立てていると従業員との関係が次第に悪くなっていった。そんな状況に悩まれていました。

これは雇われる側から雇う側になってはじめて感じる感覚でしょう。社長と従業員では会社や経営に対する思いも責任感もまるで違う。社長は会社のため、従業員のために働いても、従業員はその想いに応えてくれるとは限らない。そして、その温度差に苦しむ。

社長の立場からしてみれば、そのお気持ちも分かります。

ただ、従業員の立場からしてみれば、「こっちはこの給料でこれだけ働いてやってるんだ。感謝すべきなのはむしろ社長の方だ」、そんな心境かもしれません。

どちらもそれぞれの立場で言いたいことはある。その点は双方が理解し合う必要があるでしょう。私はそんな話を社長の機嫌を損ねることのないように伝え、返報性の話をしました。

「社長が従業員から感謝してもらいたいと思うのであれば、先に社長から従業員を褒め、そして働いてくれていることに感謝することが必要です。もしそれが継続的にできれば従業員の態度は変わりますから」

そうお伝えし、従業員を褒め、感謝の言葉を伝え、その内容をリポートにまとめてくるという宿題を出しました。社長は難色を示されていましたが、現状を変えるためには仕方ないと納得されました。私は半年ほど継続すれば変化が表れると思っていました。ところが、翌月、お会いして宿題のリポートを受け取った時には社長がこのように話してくれました。

「この１カ月、自分なりに従業員のことを褒めて、ちょっとしたことでも感謝の言葉を伝えるようにしました。『この資料良くできてるね』とか、『この前、メールありがとね』とか、『もうできたの、仕事速いね』とか。そしたら、確かに従業員の反応が変わりました。仕事の取り組み方がだいぶ積極的になりました。あと、帰る時には向こうから『お疲れ様です』って言ってくれるようになりました。全体的に社内の雰囲気が明るくなったというか。そしたら別に自分に感謝してくれないとか、どうでもいいかなって思えるようになって」

正に好意の返報性が作用した事例でした。

従業員が自分に感謝しないから、自分も従業員のことを認めないという嫌悪の返報性の悪循環から脱するために、意識的に自分から従業員に好意のメッセージを送った結果、好意の返報性が作用する状況に変化していきました。

相手が自分を認めてくれたら、自分も相手を認める。相手が自分を否定するのをやめたら、自分も相手を否定するのをやめる。このように、嫌悪の返報性の悪循環に陥っている状況においては、先に相手が態度を改めることを求めがちです。しかし、これでは相手が態度を改めない限り、嫌悪の返報性の悪循環から抜け出すことはできず、組織やチームの状態は改善することはありません。そのため、組織やチームのリーダーには、嫌悪の返報性の悪循環から抜け出すために、先にアクションを起こすことが求められます。

嫌悪の返報性の悪循環に陥っている状況で自分から先に相手を認めることは、プライドが許さないため、極めて難しいことだと思います。ただ、こういった状況で自分の気持ちを克服できるかどうかに人を動かし導く力の源泉があります。そして、チーム改善や経営改善がうまくいくかどうかも、実はリーダーが自分の気持ちを克服できるかどうかが大きな鍵を握ります。

相手から認めてもらいたければ、先に相手を認める。相手に動いてもらいたければ、先に相手のために動く。相手に信じてもらいたければ、先に相手を信じる。

決して簡単なことではありませんが、これは人間的信頼を築いていくために求められる在り方だと言えるでしょう。

▽心の性質3：自分のことを認めてくれる相手は自分も認めようとし、自分のことを否定する相手は自分も否定しようとする。

❸人を認めるための5つの方法

1．否定しない

では、相手を認めるためには具体的にどのようなことをすればよいのでしょうか。

相手を認めるための方法には様々なものがありますが、私は「否定しない」「褒める」「感謝の言葉を伝える」「話を聴く」「労をねぎらう」ということがとりわけ重要だと感じています。また、人を認めるためには、自分の感情と向き合い、場合によってはその感情を克服することが求められます。そういった自分の感情と向き合うという点についても触れながら、人を認めるための具体的な方法についてお話ししていきたいと思います。

「この世で最も恐ろしいもの、それは何ですか？」

この問いに対し、あなたは何と答えるでしょうか。いろいろな答えが頭をよぎったかもしれません。あるアンケートでこの答えを集計した結果、１位は「否定されること」だったという話を聞きました。私はとてもリアルな答えだと思いました。関係欲求を持つ人間は他者から否定されることに対して強い恐怖やストレスを覚えます。

ストレスの研究を行い１７００もの研究報告を残したカナダの生理学者ハンス・セリエ氏はこう言っています。

「我々は常に他人からの賞賛を強く望んでいる。と同時に他人からの批判もまた同じように強く恐れている」

否定は心理的に大きなストレスをもたらすにもかかわらず、会話の中ではあまりにも不用意に使われています。相手の言っていることが間違っていると思った場合、「いや、それは違う」「いや、そうじゃなくて」と頭ごなしに否定している会話を耳にすることは少なくありません。言葉を発した側は何気なく言ったとしても、否定の言葉は相手の心に大きなストレスを与えます。そういった否定が積み重なると、人間関係は次第に疎遠になり、人間的信頼も失われていきます。

人間は否定の言葉にとても敏感です。そして、自分を否定した相手の言葉は、素直に受け入れることが難しくなります。そのため、否定の言葉が持つ力の大きさを自覚し、滅多なことがない限り、明確な否定の言葉を用いるのは避けることが望ましいと言えます。

否定したくなる場合でも、「なるほどね」とか「それは一理あるかもしれないですね」と一旦受け止めた後、「ただ、それは〜」「一方で、こういう考え方はできませんか？」という話し方をすることで、明確な否定の言葉を用いることなく、反対意見を述べることはできます。

こういった受け答えに始まり、否定が持つ力の大きさを自覚し、相手を否定しない配慮を持つことが人間的信頼を得ていくための基礎となります。

相手と議論になった時などは、否定の言葉が持つ影響の大きさを忘れ、相手に否定の言葉をぶつけてしまいがちです。中には話し合いを勝った負けたの勝負に持ち込み、何としてでも相手を打ち負かそうとする人もいます。そういった場合は、建設的な話し合いをすることが目的ではなく、議論に勝って自らのプライドを守ることが目的となっていることがあります。

相手の意見を否定し、議論に勝ってプライドを守ったとしても、それと引き換えに人間的信頼というもっと大切なものを失うことになります。意見を否定された相手はプライドを傷つけられ、プライドを傷つける人間とは距離を置こうとし、そして心は離れていきます。

このことは、組織やチームのリーダーは心に留めておく必要があります。相手を否定するような議論の勝ち方をすればするほど、メンバーの心は遠ざかり、組織の一体感もパフォーマンスも失われます。部下のプライドを守る、これもリーダーとしての重要な仕事です。

そのため、少々のことであれば勝てる議論であっても敢えて勝ちを譲る。この余裕が人間的信頼に厚みを持たせます。時には譲れないこともあります。そういった時は議論に勝つにしても、直接的な否定は避け、相手のプライドが傷つかない勝ち方をすることが求められます。

都心の一等地にオフィスを構える増収増益の会社があります。その会社の社長はカリスマ性があり、全国にファンがいる人望の厚い方です。その社長と飲んだ際に、部下とのコミュニケーションについてこんな話を聞きました。

「私はよく部下に謝るんです。会社のことを考えると、どうしても部下の意見を受け入れられない時もあります。そういう時は『ごめんな、申し訳ない』って頭を下げて謝ってから、自分の意見を聞いてもらうようにお願いしています」

部下の意見を直接的に否定することなく、気持ちを理解したうえで、頭を下げてハートに語りかける。この社長は一番失ってはいけないものが何かをご存じなのでしょう。

相手を否定してでも自分のプライドを守るか。自分のプライドはさておき、相手を否定しないようにできる限りの配慮をするか。このスタンスの違いが人間的な信頼の形成に大きく影響します。相手を認めること、それは相手を否定しないよう配慮することから始まります。

▽心の性質４：人から否定されることに大きなストレスを覚える。相手を認めることは、相手を否定しないよう配慮することから始まる。

2．褒める

相手を認めることの一つが褒めるということです。

ただ、日本人は褒めるのが苦手な国民であると言われます。そのため、日常において褒められることが少ないことから、褒めることに慣れておらず、また褒められることにも慣れていない、そんな状況にある方も少なくないでしょう。

私のセミナーや講演、研修では「部下を褒めることができない理由は何ですか」というテーマでディスカッションをしていただくことがあります。その結果、最も多い答えは「褒める点が見当たらない」という答えです。

また、経営コンサルティングの際にも多くの経営者や管理職の方から、従業員や部下を褒めようと思っても、褒める点が見当たらないという話を幾度となく聞いてきました。

もし、「あなたの身の回りにいる人たちについて、褒める点を10個挙げてください」と言われたら、さっと10個挙げられるでしょうか。おそらくそう簡単ではないと思います。

では、褒める点が見当たらないのはなぜでしょうか。

まず、褒めるところを見つけようと普段から意識しているでしょうか。その答えがＮＯであるならば、そこに褒める点が見当たらない一つの理由があります。

人間の脳は何かの問いを持つと、その答えを探そうとする習性を持っています。その良い例がクイズ番組です。クイズという形で問いを与えられると、ついついその答えを考えてしまうでしょう。そして、自分の出した答えが合っているかどうかを確認したくなるため、チャンネルを変えられなくなる。最近、クイズ番組が極めて多くなっている印象を受けますが、このような脳の習性から、そういった番組の視聴率が上がっていることが原因ではないかと考えられます。

同様に、普段から「この人の褒めるところはないか」という問いを持って相手と関わっていれば、脳はその答えを見付けようとします。

しかし、上司と部下の関係において上司は、どこかミスはないか、未了の部分はないかなど、「指摘すべきマイナス点はないか」という問いを持って部下の仕事ぶりを見がちです。仕事の精度を上げるためにはそういった問いを持つことも必要ですが、あわせて「どこか褒める点はないか」という問いを持つことで、褒める点が見つかる可能性は大きく上がります。

ある会社の経営コンサルティングをした際に褒めることの大切さについて社長にお話しすると、「できて当たり前のことしかやらせていないので、褒めるほどのことはないですよ」と言われたことがあります。このような言葉は他の人からもよく聞かれる言葉です。

セミナーや研修の際、「上司からどのような時に褒められると嬉しいですか」というテーマでもディスカッションをしていただくことがあります。このディスカッションの回答として多いのが、「できなかったことができるようになった時」「新たなチャレンジをしてやり遂げた時」といった回答です。この回答の多さを見て私がつくづく感じるのは、「成長の跡を褒めてほしい」、これは部下の正直な気持ちであり、この気持ちは何歳になっても色あせることのないものだということです。

「できて当たり前のことは、できるようになっても褒める必要はない」

上司の目線から見ればそうであっても、部下はできなかったことができるようになったという成長を認めてほしいと願っている。

「やっとできるようになったな」

たった一言でいい。部下はそんな一言を渇望しています。

褒めるかどうかの基準を自分の「当たり前」に置くのではなく、相手の成長の度合いに置く。今までできなかったことができるようになったのであれば褒める。結果がうまくいかなくても、努力の跡が見られたのであれば、その点については褒める。こういった意識を持つことで、褒める点はたくさん見つかるようになります。

また、褒めるという行為は、褒めた内容について、相手が納得してはじめて意味があります。抽象的な褒め方をすると、相手が褒められた内容について違和感を覚えたり、本心から言っていないと感じたりして、逆にネガティブな印象を与えかねません。そのため、相手も納得するよう、具体的に褒められるように、褒める点を見付けることが望ましいと言えます。

それから、褒める点が見つかっても、実際に褒めるかどうかはまた別の問題です。褒めるということに対して、障壁となって立ちはだかるものがあります。

それは「照れくさい」という気持ちです。

この気持ちを克服できないと褒めることはできません。実際、先程のディスカッションで部下を褒めることができない理由としてよく挙がるのが、「照れくさいから」という理由です。この「照れくさい」という気持ちが邪魔をして相手を褒めることができていないという方もいらっしゃるでしょう。ただ、人を動かし導く力の大きさは、この「照れくさい」を克服できるかどうかにも大きく影響を受けます。

「照れくさい」は大きな力を持った強敵です。そして、人間の行動を制約します。

ちょっと想像してみて下さい。もしこの「照れくさい」を克服することができたとしたら。コミュニケーションに何か変化が起きていないでしょうか。

太宰治の『新ハムレット』の中にこんな言葉があります。

「照れくさくて言えないというのは、つまり自分を大事にしているからだ。怒涛に飛び込むのが怖いのだ。本当に愛しているならば、無意識の愛の言葉も出るものだ。どもりながらでもよい。たった一言、切羽詰った言葉が出るものだ」

ちなみに部下を褒めても相手が素直に喜ぶとは限りません。

あるクライアントの社長に部下を褒めるようにお伝えし、実際に社長が部下を褒めたところ、相手のリアクションが薄かったことから、「実は褒められても嬉しくないのではないか、だったら褒める意味もないし、わざわざ褒めようという気も起きない」と話されました。

確かに褒められても嬉しくないというケースもなくはないので、その点は空気を読みながらとなりますが、普段から褒められることに慣れていない人が急に褒められると、リアクションに困ることはよくあります。

褒められて嬉しいかどうかは、相手の反応よりもその後の動きの変化に表れます。

「いや、別にそんな大したことじゃないです」「普通にやっただけです」

そんなそっけないリアクションをとった部下でも褒められて以降、仕事ぶりがぐっと良くなったという例はたくさんあります。

褒めた時のリアクションがいまいちだったからといって、すぐに褒めることをやめてしまうのではなく、動きの変化を観察しながら、継続的に褒めることを意識してみる。そんな中でお互いの人間的信頼に新たな変化が生まれていきます。

▽心の性質5：何かの問いを持つと、その問いの解を探そうとする。
▽心の性質6：何歳になっても成長の跡を褒めて欲しいという気持ちは変わらない。

3．感謝の言葉を伝える

感謝の言葉を伝えることも相手を認めるための大切な方法です。

ただ、何か特別良いことでもないと、感謝の気持ちを持つのは難しいと思われるかもしれません。でも、特別良いことがなくても感謝の気持ちを持つことができる方法があります。

それは「当たり前」という感覚を捨てることです。

「有り難う」という言葉は「有ることが難しい」という意味です。

そのため、「有り難う」の反対語は「有ることが難しくない」、つまり「当たり前」になります。当たり前の感覚を捨てると、感謝できることがたくさんあることに気付けるようになります。

「当たり前」が「当たり前」じゃなくなる経験をすると、人はそのことの有り難さに気付き、そのことに対して感謝の気持ちを持つことができるようになります。

仕事に関する「当たり前」を見直させてくれるこんな話を聞いたことがあります。

A氏は勤めていた会社から子会社に社長として出向するように言われ、子会社の社長に就任します。

しかし、子会社の元社長は人望が厚く、ほぼすべての従業員がその社長を慕ってついてきたような状況だったため、その社長を解任した親会社から新たに社長として出向してきたA氏に対して、従業員は強烈な敵対心を抱いていました。

そのため、A氏が社長就任後、一緒に働く部下はA氏が何か指示をしても言うことを聞かず、A氏を蚊帳《かや》の外に置いたまま勝手に業務を進めるような状況が続きました。

何の相談もなく、特にやるべき業務もなく、自分がいてもいなくても会社はまわっていく。部下を飲みに誘ってもなんだかんだで理由をつけて断られるが、部下同士では頻繁に飲みに行っている様子。「いや〜、昨日の新年会は飲み過ぎたな」といった会話をある部下が自分にも聞こえるような声でしていた時、自分の知らないところで新年会が行われ、自分は呼ばれていないことを認識し、そしてどうしようもない疎外感と孤独感に襲われる。社長の席にぽつんと座り、ほぼ誰からも話しかけられることもなく、必要最低限の書類が回って来るだけ。

A氏は1年ほどして体調を崩すようになり、これ以上耐え切れないと判断して、出向から戻してもらうことになりました。

そして、元の会社の部長として働くようになった時、部下から1通のメールが来ます。

「○○の案件はこの内容で進めてもよろしいでしょうか」

何も特別なメールではなく、ただの事前承認を得るためのメール。

しかし、A氏はそのメールを見た時、自分に事前承認を得ようとしてくれるこのメールが嬉しくて、涙がこぼれそうになったそうです。

買収された会社に出向する前は部下に感謝するようなことはなく、本当に横柄な上司だった。一緒に仕事をしてくれる部下がいて当たり前、部下は自分の指示通りに動いて当たり前。

そんな当たり前が失われた経験を経て、部下と一緒に仕事をさせてもらえることの有り難さ、自分の指示を聞いてくれることの有り難さが分かるようになったとのことです。

様々な人間関係において「当たり前」の感覚を捨てて関わってみることで、多くの感謝できることが見つかります。頼んだ仕事をやってくれる、何かあったら相談してきてくれる、一緒に仕事をしてくれる、挨拶をしてくれる。そんな日常の当たり前を当たり前と考えないようにすれば、その有り難さがだんだんと分かるようになります。この「当たり前」の感覚を克服できるかどうかも、人を動かし導く力に大きく影響するものです。

当たり前の感覚を捨て、感謝できることを見付けたら、次は言葉にして伝えることが必要になります。ただ、そこには「照れくさい」が障壁となって立ちはだかるかもしれません。「褒める」のところで人を動かし導く力は、「照れくさい」を克服できるかどうかに大きく影響するとお話ししましたが、それは感謝の言葉を伝える場合も同じです。

ある男性の社長は、自分の会社の雰囲気の悪さに悩んでいました。

部下と会話する時はミスを見つけて怒る時だけ。雑談をすることもなく、黙々と仕事をするだけの集団といった雰囲気で、部下との間に人間的な信頼関係は感じられませんでした。

朝、出社時に廊下で自分とすれ違っても部下はろくに挨拶もしない。終業時間になるとそそくさと帰っていく。仕事上の人間関係なんてそんなもんだ、そう思いながらも居心地の悪さを感じ、組織としてこれでいいのか、リーダーとしてこれでいいのかと悩んでおられました。

そんな中、先ほどの「照れくさい」と「当たり前」の話をしたところ、意を決して感謝の気持ちを伝えることに取り組まれました。

事務の女性がお茶を入れてくれた時、「有り難う」と言うようにした。部下が仕事の報告をしてくれた時に、「有り難う、ご苦労さん」と言うようにした。部下からのメールにも「有り難う」の文字を入れるようになった。

いつも眉間にしわを寄せて不機嫌な雰囲気を出していただけに「有り難う」を言うのは当初はかなり照れくさかったと言います。でも社長は「照れくさい」に負けませんでした。「当たり前じゃない。当たり前じゃない」と言い聞かせながら「有り難う」を続けました。

「ある朝、事務の女性が自分を見て笑顔で『おはようございます』と挨拶してくれたんです。たったそれだけのことと思われるかもしれませんが、私、嬉しかったんです」

この報告をしてくれた時、私は思わず涙ぐんでしまいました。ここまで真正面から「当たり前」と「照れくさい」に向き合い、実際に行動に移されたその姿に感服しました。

感謝の言葉を伝えることは、時に感動を呼びます。それくらい大きな力を持っています。

もし、「照れくさい」も「当たり前」も克服することができたとしたら、あなたは誰に感謝の言葉を伝えたいでしょうか。あなたの感謝の言葉を待っている人はいないでしょうか。

その感謝の言葉を伝えることができた時、そこに一つの感動が生まれているかもしれません。

こういった気持ちや感動がチームや組織を変革していくエネルギーとなっていきます。

▽心の性質７：「当たり前」の感覚を持たなければ、そのことに感謝することができる。
▽心の性質８：「照れくさい」を克服できるとコミュニケーションに変化が生まれる。その変化は時に感動をもたらす。

4.「聞く」と「聴く」

褒める、感謝の言葉を伝えるということが相手を認める行為であることは、あまり違和感なくお分かりいただけると思いますが、「聴く」という行為も相手を認める行為です。むしろ、聴くという行為は相手を認めるためのベースとなる行為であり、人間的信頼を考えるうえで、極めて重要な行為です。

「きく」には「聞く」という漢字と「聴く」という漢字があります。両者の違いについてご存じでしょうか。

「聞」は、音や声を物理的に知覚するという意味です。

一方、「聴」は「傾聴」の「聴」の字でもありますが、「聴」という字は、耳、十、四、心という字から構成され、「十四の心をもって耳を傾ける」という意味を持ちます。十四の心とは何かということについての詳細は割愛しますが、様々な心とともに耳を傾ける、つまり共感しながら耳を傾けるという意味です。

共感はカウンセリングの基本でもあり、相手に深い安心感と親近感を与える行為です。人は「認めてほしい」の一つの形態として「共感してほしい」という強い欲求を持っています。

嬉しい、楽しい、悲しい、苦しいといった自分の感情と同じ感情で自分の話を聴いてくれる相手には親近感を覚えますが、どれだけ嬉しい話をしても、悲しい話をしても、相手が共感することなくずっと無表情で聞いていれば、話す気もなくなり不信感すら覚えるでしょう。

共感することが相手の気持ちに与える影響の大きさに気付けている人は、そうではない人と比べて、経営やビジネスでも優れた結果を出せている。そう感じる経験は多々あります。

相手の話を「聞く」ことは、テレビを見ながらでも、携帯電話をいじりながらでも可能です。しかし、「聴く」ことは、意識を他のところに向けた状態ではできません。話の内容と相手の気持ちにしっかりと意識を向け、同じ感情を共有することではじめて「聴く」ことができます。

話の聴き方には無意識のうちに人間の本性が出るものです。相手の話を「聴ける」人はそれだけで相手に大きな魅力を感じさせます。すべての話をしっかり聴くことは難しいかもしれませんが、大切な場面ではできるだけ相手の話を「聴ける」ようにしたいものです。

「今、自分は相手の話を聴いているのか、それとも聞いているのか」

会話の最中にそう自問自答してみて下さい。話を「きく」ということに対する意識がずいぶんと変わると思います。

人は自分が話して相手に聴いてもらう状況を求めがちであり、ついつい自分が話すことを優先しようとします。自分が話している時は自分の気持ちを分かってもらおうと話していても、相手が話し始めると共感することもなく次に自分が何を話すかということに意識をめぐらせ、また自分が話す時になると自分の気持ちを分かってもらおうと話し出す、そんな話し方になっていないでしょうか。

人は共感を求める存在です。自分の話に共感してくれる相手に強い親近感を覚え、信頼を覚えます。また、自分の話に共感してくれる人の話は、返報性が働き、素直に聴き入れやすくなります。しかし、共感してくれない人の話はなかなか聴き入れにくいものです。

ある企業で営業のコンサルティングを担当した際、営業成績が大きく伸びた経験のある女性のＳ氏から売れるようになったきっかけについて話を伺いました。

Ｓ氏は入社間もない頃、営業先のお客様を回り、パンフレットを広げて、契約を取ろうと必死で商品の説明をしていました。しかし、何社回っても契約は取れず、だんだんと自信を失い、精神的にも追い詰められていきました。そして、そのストレスで体調を崩していきます。

そんな時、ある会社を訪問し社長にいつもと同じく商品の説明をしようとしましたが、雑談が長引きなかなか商品の説明が始められません。雑談は社長が創業時に営業でどれだけつらい思いをしたかについての話に移っていきます。S氏はその話が今の自分の状況とあまりに似ているため、商品の説明も忘れ、社長の話に聴き入っていました。気が付けばS氏は社長の苦労話に自分を重ね合わせ、涙ぐみながら話を聴いていました。

「そういえば今日は何の用件でしたか？」

社長の一言でS氏は我に返り、慌てて商品の説明をしようとしましたが、涙を浮かべている状態では商品の説明をする気にもなりません。何とか簡単に商品の説明を終え、帰ろうとした時、「それ、もらいますよ」と社長が言いました。

S氏は「えっ!?」と驚き、社長の判断があまりに早かったので、「もう少し検討されてからでも結構ですよ。他社さんの製品とかもありますから」と話すと社長はこう言いました。

「他社はいいの。君から買いたいんだ」

S氏はその一言でまた涙がこぼれそうになったと言います。

涙を浮かべるほどに深く共感し、話を聴く姿勢が社長の心に響いたのでしょう。

S氏は、それ以後、営業のスタイルを180度変えます。まずは深く共感しながら相手の話を聴くことに徹し、信頼関係ができるまでは売らない。そのスタイルに変えて以降、彼女は営業成績を伸ばしていきました。

信頼なき対話の言葉は力を持たない。対話の言葉に力を宿すためには信頼を得ることが必要になる。このことは営業にもあてはまります。

これまでいろいろな経営者やビジネスマンを見てきて思うのは、話し上手の人の数に比べて聴き上手の人の数は格段に少ないということです。身の回りの人で話し上手という方は何人か頭に思い浮かぶかもしれませんが、聴き上手という方は何人も頭に思い浮かぶでしょうか。

ある有名企業の創業者の方と会食をさせていただいたことがあります。

食事をしながらいろいろお話をしていると、さすが多くの人たちを束ねて事業を大きくされた方だけあって、話がとてもうまく、笑いあり、感動ありの話に私は引き込まれていきました。話し上手とはこういう人のことを言うんだと感じるほどでした。

「ところで藤田さんはどんなお仕事をされてるの？」

その一言から一転、その方は私の話の聴き手にまわられました。

恐縮しながら自分の仕事の話をさせていただくと、その方は私の話を聴くことに集中され、しっかりと感情を共有し、一緒に笑い、一緒に悩んでくれました。話を終えるまで、私の話を一切さえぎることなく、「うん、うん」と最後まで私の話を一生懸命に聴いてくださいました。

気が付けば私はずいぶん長い間、しゃべっていました。
感銘を受けるほどに、話し上手であり、かつ、聴き上手。一代であそこまでの企業を築き上げた秘訣はここにある。このようなコミュニケーションをとる人の周りには自ずと人が集まり、そして人が離れない。一度話すだけで人間的な信頼感を覚える。私はそう感じました。

営業で結果を残せない、従業員との関係が悪くモチベーションが上がらない、離職率が高い。ご相談にいらっしゃるクライアントの方は、経営やビジネスで様々な課題を抱えていらっしゃいます。しかし、どんな課題であっても人間が関係する以上、「聞く」を「聴く」に変えることで、高い確率で課題解決につながる変化が生まれます。チームや組織のイノベーションはこういったことからも生まれます。

相手の話を「聴いて」いるのか、「聞いて」いるのか。この意識を持っていただくことで、経営やビジネスのパフォーマンスが変わったという事例を見てきました。
そして、経営やビジネスのみならず、夫婦関係、親子関係も良くなったという報告も受けてきました。

経営学者ピーター・ドラッカーはこう言っています。
「多くの人が、話し上手だから人との関係は得意だと思っている。対人関係のポイントが聴く力にあることを知らない」

話すことの主な目的は情報の伝達と共感を得ることです。自分が話している時、相手が自分の言葉だけを聞いて、言葉の背景にある心に共感してくれないと、どのような気持ちになるでしょうか。その状況では話す目的の半分しか果たせていないことになります。それは相手が話している時も同じです。自分の「きき方」次第で、相手の気持ちは大きく変わります。

相手の言葉を聞くだけではなく、言葉の背景にある心も聴く。こういった「きき方」ができるかどうかも、人間的信頼に大きく影響します。

▽心の性質９：「聞く＋共感」の「聴く」は相手に安心感を与え、人間的信頼のベースをつくる。

５．労をねぎらう

ある金融業界の会社で、全国１位の売上を出し続けているチームのリーダーがいます。元々このチームの業績は芳しくなく、リーダー自身も営業の成績で苦しんだ過去があります。

給料は売上に連動するため、売れていない営業マンは生活が苦しくなります。このリーダーも若かりし頃は売上が伸びないため、ギリギリの生活を送り、電車代が払えないため、自転車で回れる範囲のお客様だけをターゲットにせざるを得ないような状況でした。

訪問営業で、お客様を回っても断られ続け、時にひどい断られ方をされ、もう心が折れそうな時、次の家のインターホンを押すことにとてつもない恐怖を感じる。もう勇気が出ない。

そんな時、いつも財布の中に入れてある生まれたばかりの子供の写真を見て、「この子のミルク代を稼がなければ」と、何とか自分を奮い立たせ、次の家のインターホンを押す。

そんなどん底を這いつくばるような経験を経て、徐々に営業成績を伸ばし、自身のチームを全国で一位の成績を誇るチームにまで育て上げていきました。

「苦労話の数なら負けないよ」

そう話すそのリーダーは、営業で結果を残せず生活が苦しくなってきた営業マンの気持ちは誰よりもよく分かると言います。

「そういう時はね、顔に悲壮感が出るんですよ。本人は必死なんです。でも、そういう時は必死になればなるほど、逆に結果が出なかったりするんです。そんな時に『もっと頑張れ！』なんて上司からどやされると、もう本人の心は折れるしかない。だから、私はそういう時には『頑張れ』なんて言いません。それよりもやるべきことがあるんです」

そのリーダーは営業で結果が出せず悲壮感が漂っている部下を見つけると自分の部屋に呼ぶそうです。部屋に呼ばれた部下は叱られると思い、申し訳なさそうな顔で部屋に入ってくる。そこでリーダーはこう言います。

「実はな、ここだけの話、俺も昔は売上が上がらなくて大変な思いをしたのよ。本当につらかった。だから、今のお前の気持ちはよく分かる。確かに結果は出てないけど、でもお前が一生懸命頑張ってるのは俺は分かってるよ。そうだろ？」

成績を出せず生活が苦しくなり、追い詰められた状態で、叱られると思って部屋に入り、そこでリーダーからこう言われると、その場で泣いてしまう方もいるそうです。

結果を残せていないのに上司は自分が頑張っていることを認めてくれた。嬉しいという思いと同時に、情けなさと上司に対する申し訳なさがこみ上げてきた。そしたら涙がぽろぽろこぼれてきた。部下の方はおそらくそんな心情ではないかと思います。悲壮感が漂うほどに追い詰められた状況では、一喝されるよりもはるかに心にスイッチが入るでしょう。

そのリーダーいわく、「あとは少しサポートすれば部下は立ち直ってくれます。お前の気持ちはちゃんと分かっているから、ということをしっかり本人に伝えることが大事なんです」

人は結果だけではなく、そのプロセスで味わった気持ちも分かってほしいという気持ちを抱きます。ただ、ビジネスの世界では結果がすべてと見なされる傾向があり、プロセスやそこで味わった気持ちについて分かってもらえる機会は決して多くはないかもしれません。しかし、人間的信頼を考えるうえでは、このことは極めて重要なことです。

「士は己を知る者のために死す」という言葉があります。

これは「士は、自分の真価をよく知ってくれて、認めてくれた人のためなら死んでもよいと思うものだ」という意味の中国の言葉です。この言葉からも、相手の話を聴き、相手の気持ちを理解しようとする姿勢は、相手の心を大きく動かす行為であるということが分かります。

「この人は自分の気持ちを分かってくれている」

相手にそう思ってもらえると人間的信頼はより深まります。そして、相手も「この人のためなら」と動いてくれるようになります。

パフォーマンスが低い部下に対して、叱ることが必要な場合もあるでしょう。

しかし、いくら叱っても相手が心をガードしている状態では、その言葉は相手の心には届きません。言葉が心に届かなければ相手の行動や考え方を変えることはできない。

心のガードを解いてもらうためには相手と同じ目線に立ち、共感することが必要になります。

「頑張れ」と言う前に「よく頑張ったな」とこれまでの労をねぎらい、「こんな成績でどうするんだ！」と言う前に「大変なのはよく分かる」と苦悩を理解する。

こういった共感が相手の心のガードを解いていきます。

ノーガードの状態で言われた言葉は心に届き、それがたった一言であったとしてもズドンと心に響きます。何も言わなくても共感を示すだけで、相手が勇気とやる気を取り戻すことだってあります。それは叱ることよりもはるかに大きな効果をもたらす可能性を秘めています。

「自分の気持ちを分かって欲しい」

これは誰しもが抱く願いです。苦労やつらい想いに関してはより強くそう願うでしょう。労をねぎらうということは、相手の苦労やつらい想いに理解を示し共感することです。そのため、労をねぎらうことは、相手の心を大きく動かす力を持っています。特に、自分も苦しい時、そういった対応ができるかどうかで、相手との関係は大きく変わります。

人工知能がどれだけ発達しても、この共感だけは心を持つ人間にしかできないことです。そのため、今後の人工知能時代を生き抜くうえで、共感の力を磨くことは極めて大きな意義を持つことになるでしょう。

▽心の性質10：結果だけでなくプロセスで味わった気持ちも分かって欲しいという気持ちを抱く。
▽心の性質11：自分の気持ちを分かってくれる人の言葉は受け入れようとする。

❹モチベーションを上げる要因、下げる要因

認めることとモチベーションの関係について、アメリカの心理学者フレデリック・ハーズバーグが唱えた動機付け・衛生理論という興味深い研究があります。

この理論では、仕事の満足感を引き起こす要因を動機付け要因、仕事の不満足感を引き起こす要因を衛生要因と呼び、仕事の満足感を引き起こす要因と不満足感を引き起こす要因は違うと考えます。

動機付け要因には、仕事の達成、承認、仕事そのものに対するやりがい、責任範囲の拡大、能力向上や自己成長、チャレンジングな仕事などが挙げられます。一方、衛生要因には、会社の方針、管理方法、監督者との関係、労働条件、給料などが挙げられています。

この研究によると、動機付け要因を与えることにより、仕事に対する満足感を高め、モチベ

ーションを向上させることができますが、動機付け要因が満たされなくても仕事に対するモチベーションが大きく下がるとは限らないとされています。

一方、衛生要因を満たしても満足感やモチベーションが大きく高まるとは限りませんが、衛生要因が満たされなくなると満足感やモチベーションが大きく下がるとされています。

例えば、給料は衛生要因とされているため、給料が上がったからといって、モチベーションが大きく上がって仕事の取り組み方が変わるかといえば、一時的にはそうなることがあったとしても、継続的には必ずしもそうなるとは限らない。逆に、給料を下げられるとかなり高い確率で「そりゃないでしょ……」と仕事に対するモチベーションが大きく下がる。給料はこのような性質を持っているとされます。そのため、よほどのことがない限り給料を下げることは避けるべきでしょう。

一方、仕事の達成や仕事の内容が認められるという承認は動機付け要因とされています。仕事をやり遂げることで達成感を味わったり、仕事の成果に対して褒められたり、感謝されたりするとモチベーションは大きく上がる。ただ、仕事の成果に対して特に褒められたり、感謝されたりしなかったとしても、大きくモチベーションが下がるとは限らない。

この動機付け・衛生理論からも、仕事に対するモチベーションを上げるためには、達成や承認という要素が重要な鍵を握ることが分かります。

従業員のモチベーションが低い、離職率が高いというご相談は多いご相談の一つです。こういったご相談は、給与水準や給与体系についてのご相談として話されることがあります。従業員のモチベーションが上がらないのは給料が低いから、あるいは給与体系が悪いからだと思われており、「もっと給料を上げた方がいいでしょうか」「成果報酬型の給与体系の方がいいですか」といったお話をされます。

もちろんモチベーションを考えるうえで給与水準や給与体系は重要な要素です。しかし、動機付け・衛生理論から考えれば、モチベーションを上げるためには衛生要因である給料を上げるよりも、達成や承認といった動機付け要因を増やすことの方が効果的だと考えられます。

そのため、達成感が得られる仕事の内容なのか、褒める、感謝の言葉を伝えるといったことができているかなどについてお聞きし、そういったことが十分にされていないのであれば、給与水準や給与体系を変える前に、それらのことに取り組んでいただくようにします。

これまで部下に対して褒めたり、感謝の言葉を伝えたりしてこなかった方にとっては、そういったことはとてもハードルの高いことです。それよりも給料を上げることの方が楽であったりします。そのため、給料を上げるべきか、給与体系を変えるべきかということを問題の論点にしようとされます。

しかし、高い給料を払うことで何とかモチベーションを維持するような経営の仕方は、会社の資金繰りを圧迫するため、財務的に余裕のある経営が難しくなります。また、給料は衛生要因であることから、継続的にモチベーションを高く維持する効果を期待することは難しいでしょう。

ただ、そういった方にとっては、部下を褒めたり、感謝の言葉を伝えたりすることの「照れくささ」は巨大なものかもしれません。また、「当たり前」の感覚も心の底にこびりついてなかなかとれないかもしれません。それでも、それを克服することの意義は、経営を改善するうえでも、チームや組織のパフォーマンスを上げるうえでも、極めて大きなものです。

先ほどもお話ししたように、経営者や管理職の方で、「照れくさい」「当たり前」を克服し、部下に対する関わり方を変えることができた方はいます。その結果、給与水準や給与体系を変えなくとも従業員の動き方が変わった、自発的に仕事に取り組むようになったという報告を数多く受けています。自分の態度を変えたら相手の態度も変わった。こういったことは事実として起きています。

第3節　「成長したい」という欲求

❶相手の成長の可能性を信じる存在になれるか

次にERG理論の成長欲求についてお話ししたいと思います。

成長欲求は、自分が興味を抱く分野での能力を伸ばし成長したい、苦手分野を克服したいという欲求であり、創造的・生産的でありたいとする欲求です。

本章の冒頭で、「どのような相手に人間的信頼を覚えますか」というテーマのディスカッション等の意見として多く見られたものに、②自分に気付きを与えてくれる人、自分のことを思って叱ってくれる人など、自分を成長させてくれる人という内容がありました。

この内容は成長欲求を満たしてくれる人だと言えます。


「自分の成長を信じたい」「自分の可能性を信じたい」「自分を信じたい」

これは人間の切なる願いであり、成長欲求から生じるものです。何か強く目指すものがあればあるほどこの願いは強くなります。

そのため、自分の成長を信じてくれる人、自分の可能性を信じてくれる人、自分に自信を持たせてくれる人、自分のさらなる可能性に気付かせてくれる人、こういった人はかけがえのない存在になるでしょう。

リーダーとして、上司として、親として、こういった存在になることは、人間的な信頼関係を築いていくうえで、大きな意義を持つことです。

カナダの生理学者ハンス・セリエ氏は人の習性についてこう言っています。

「周りから期待されると、人は自信を持つようになる。そしてその自信が、成功に繋がっていくのだ」

▽心の性質12：自分の成長を信じたい、自分の可能性を信じたい、自分を信じたいという欲求を持つ。

▽心の性質13：周りの人から期待されたり、信じてもらったりすると自信を持てるようになる。

❷相手が気付いていない能力や長所に気付かせる

「自己成就的予言」という社会心理学の言葉があります。

人間はある状況を定義されることで、その定義が現実化するように行動する傾向があることを意味する言葉です。例えば、あなたは優秀な人だと言われ、そういった扱いを受け続けると、言われた本人は優秀な結果を出すようになり、逆にあなたは無能だと言われ、そういった扱いを受け続けると、言われた本人は無能な人間になっていくといった傾向です。

アメリカのノースウェスタン大学のリチャード・ミラー博士の研究グループは、シカゴの小学校5年生に教室内を整理整頓させ、ゴミを散らかさないよう説得する実験を試みました。

あるクラスの子供たちには、ゴミを散らかすことがいかに悪いことかを説明し、教室をきれいにしていてほしいと先生から話し、用務員からもお願いしました。

一方、別のクラスではこのクラスの生徒が学校で一番整理整頓ができており、最もきれい好きな生徒たちだと先生が話し、用務員もこのクラスが学校で一番きれいだと話しました。

その結果、前者のクラスではゴミの状況は一向に改善されませんでしたが、後者のクラスでは生徒たちがゴミを散らかす割合が激減しました。

ミラー博士が行った別の実験では、あるクラスの生徒たちには「一生懸命に算数を勉強するように」と伝え、別のクラスの生徒たちには「君たちは算数の能力があるんだ」と伝えました。結果は後者の生徒の方が前者の生徒よりも算数の成績がはるかに向上していました。

ジョハリの窓

自己認識	自分に分かっている点	自分に分かっていない点
他者に分かっている点	①開放の窓	②盲点の窓
他者に分かっていない点	③秘密の窓	④未知の窓

この実験から言えることは、人間は「こうしなさい」と指示、命令されるよりも、「あなたはこういうことができる人間なんだ」と優れた能力や長所に気付かせてもらい、自己認識に変化をもたらされる方が、その方向に向かって動く可能性が高いということです。

本人の優れた能力や長所に気付かせることは、相手の人生を変えるほどの影響力を持つことがあります。このことに関連して「ジョハリの窓」という話をしたいと思います。

サンフランシスコ州立大学の心理学者ジョセフ・ルフトとハリー・インガムは自己認識の領域を、①開放の窓（自分にも、他人にも分かっている領域）、②盲点の窓（他人には分かっているが、自分には分かっていない領域）、③秘密の窓（自分には分かっているが、他人には見せない領域）、④未知の窓（自分にも他人にも分かっていない領域）の４つに区分しました。

成長欲求を満たすうえで注目すべきは、②盲点の窓（他人には分かっているが、自分には分かっていない領域）です。本人が気付いていない能力や長所に気付かせるようなアドバイスをすることは、本人のさらなる成長の可能性をもたらすことができます。

自分は気付いていなかった自分の能力や長所に気付かせてくれる、そしてさらなる可能性を信じてくれる。そういった存在が1人でもいてくれれば、人は大きく成長するための勇気とモチベーションを得ることができます。また、そういったアドバイスをするためには、相手の成長の可能性はないかという意識を持ちながら、相手のことをよく見ることが必要になります。

このような関わりが人間的信頼を形成していくということは言うまでもないでしょう。

▽心の性質14：指示、命令されるよりも、優れた能力や長所に気付かせてもらい、自己認識に変化をもたらされる方が、その方向に向かって動く可能性が大きい。

▽心の性質15：自分が気付いてない能力や長所に気付かせてくれる人、自分のさらなる可能性を信じてくれる人は、かけがえのない存在となる。

❸「お前の力はそんなもんじゃない」の一言が人生を変える

いつもならば、「良くできてる」と心の中で思っても、あまり部下を褒めることはない。そんなＩ氏は本人が気付いていない能力や長所に気付かせるということに取り組み、成長の可能性を示唆する言葉を掛けてみたと話してくれました。

「君はこれができるだけの力があるんだから、次の仕事ももっと自信を持ってやってみな」

「普通にこの仕事やってくれたけど、これは簡単な仕事じゃないんだよ。君はこういう仕事に関してセンスがあるのかもしれない」

こういった言葉掛けをしてみたところ、部下が積極的に提案をしてくるようになった、部下が周りの人に仕事を教えるようになった、そんな変化が見られたとのことでした。

「これまでの部下とのコミュニケーションは、できていない点、直すべき点を伝えるという内容がほとんどだった。そう考えると、部下の悪い点ばかりに目がいっていた気がする。しかし、今回のようなことを意識していると、自然と部下の優れた能力や人柄を見出そうとするので、自分の部下に対する見方や目の付け所が変わってきた」

そんなふうに自らの意識の変化について話してくれました。

これまで業務のコミュニケーションを幾度となく重ねてきても、人間的な距離はなかなか縮まることはなかった。しかし、自己成就的予言やジョハリの窓を活用し、相手がまだ気付いていない能力や長所を示唆し、さらなる可能性を引き出すような一言を掛けることで、人間的な距離がずいぶん縮まったように思う。いろいろな方からそんな話を聴きます。こういったことは相手にうまく伝われば、相手も素直に反応してくれやすいものです。

相手に自信を持たせることはできないか、相手の成長の可能性を支援することができないか、そんな意識を持って関わることで、相手との人間的な距離は少しずつ縮まっていきます。

倒産を経験した後、再起を図り、業績を伸ばしている社長の話を聞いたことがあります。彼が経営していた飲食店の業績が芳しくなく、倒産を迎えた時のことです。

最終営業日の日、最後のお客様を送り出した後、彼は従業員に謝罪とこれまでのお礼を言い、従業員が去った後は、店舗で後片付けをしていました。

すると、そこに親しくしている知り合いの社長が店に入ってきました。

「今日が最後だよね。酒持ってきた。とりあえず飲もう」

シャンパンを片手にそう言ってくれました。

こんなどうしようもない自分を気遣ってくれて、シャンパン片手に店にまで来てくれたその社長の姿を見た時、彼は涙がこぼれそうになったと言います。

そして、２人で飲みながら話をした際に、知り合いの社長は彼にこう言いました。

「あんたはここで終わるような男じゃない。あんたは自分の可能性に気付いていない」

この一言が彼に大きな勇気を与えました。

倒産後も彼はこの一言を思い出し、自分の可能性を信じ切ることができたと言います。

そして、違う業種で彼はビジネスを軌道に乗せることになります。

自分の可能性を信じることは簡単なことではありません。それでも人は自分の可能性を信じたいと願っています。

そのため、自分の可能性に気付かせてくれる一言、自分の可能性を信じてくれる一言によって、自分の可能性を信じる勇気が持てるようになると、人の人生は大きく変わることがあります。また、そういった一言が心の支えになって逆境を乗り越えられることもあります。

私は高校時代の恩師から言われた忘れられない言葉があります。

「お前の力はそんなもんじゃない」

20年以上経った今でも、その言葉は色あせることなく心に残り、そして思い出すたびに勇気をくれます。そんな実体験から、やはり人は自分のことを信じたいと願い、そして誰かが信じてくれることに強い喜びを感じるのだと思います。

「お前の力はそんなもんじゃない」

あなたからそんな言葉を待っている人が身の回りにいないでしょうか。そういった言葉を掛けられるように、相手の可能性を見出せるように、意識を持って関わってみてください。その意識を持つだけで、相手との関係に少しずつ変化が生まれるでしょう。


ＥＲＧ理論、特に関係欲求、成長欲求を中心にここまでお話ししてきました。

この関係欲求、成長欲求を満たすコミュニケーションについて、端的に表現した言葉があります。それは第26、27代連合艦隊司令長官、山本五十六の言葉です。

「やってみせ、言って聞かせて、させてみせ、褒めてやらねば、人は動かじ。

話し合い、耳を傾け、承認し、任せてやらねば、人は育たず。

やっている、姿を感謝で見守って、信頼せねば、人は実らず」

一つのミスが自分を含め、誰かの死に直結する。この言葉はそんな命がけの戦場の中で人を動かし、人を育てるために見出された言葉です。この言葉からも、人を動かし導くうえで、関係欲求、成長欲求を満たすためのコミュニケーションの大切さを知ることができます。

第４節　人望をもたらす３つの一貫性

「どのような相手に人間的信頼を覚えますか」というテーマに対する意見として、裏表がない人、約束を守る人、有言実行の人など、発言や行動が一貫している人という意見も多く見られるものです。

人間は行動、発言、態度、信念などに一貫性がなく矛盾している相手に対しては不信感を持ち、人間的な評価を低いと判断する傾向があります。そのため、それらを矛盾することなく一貫したものにしたいという心理が働きます。

こういった心理的傾向を「一貫性の法則」と言います。

言ったからにはやらねばという心理が働くのも一貫性の法則です。ボクシングの試合の前に選手同士がビッグマウスの勝利宣言をすることがありますが、これも一貫性の法則を利用して、自らを追い込むことでパフォーマンスを高めようとする一つの例です。

言っていることとやっていることが違う人、言ったのにやらない人、言うことや態度・行動がころころ変わる人、こういう人に人間的な信頼を覚えることは難しいでしょう。

また、相手によって態度を変える人もなかなか信頼できないものです。お客様との関係、友人との関係、部下との関係、親との関係、子供との関係、夫婦の関係。それぞれの関係において、自分の態度は一貫して変わらないかと問われれば、変わらないと答えられる方は多くはないでしょう。

ただ、人はその一貫性の有無を見ています。

K氏はある時、電話の営業を受け、関心のある話だったので、その会社の営業マン2人と会うことになりました。40代くらいの上司と20代の部下という組み合わせで来社され、上司の方が満面の笑みで世間話を始めました。

ほどなくして本題に入る時に、「ご説明用の資料がありますので」と部下に資料を出すよう促すと、部下の方が鞄から出すのに手間取っている様子。それを見た上司は、「おい、何やってんだ！」と眉間に皺を寄せて部下を急き立てます。ようやく資料が出てきて受け取ると、「すみません、こいつほんとところくて。いつもこうなんですよ」と部下を馬鹿にするように話されました。

その時点でK氏の中では商談は終了しました。資料が出てくるのが遅かったからではありません。この上司の自分に対する態度と部下に対する態度があまりに違ったからです。

この人は人間的に信頼できるのだろうか。

その疑念が生じると、それ以後、先方が話される説明はどれも半信半疑にしか聞こえない。話が終わるなり、帰っていただいたとのことです。

現代に生ける武士。自らに厳しく、人に誠実に生きる経営者のＴ氏は、朝５時前には家を出て出勤し、帰宅は24時を回り、３時間睡眠の日々を送っています。相手が誰であれ、堂々と軸をぶらさず、一貫した態度で接する方です。ただ、それだけ多忙だと奥さんとの関係が心配になるところですが、夫婦仲は円満だと言います。

その理由を伺うと、朝は奥さんが起きる前に家を出ることが多く、その場合は筆で奥さんに手紙を書き、キッチンに置いてから家を出ると言います。昨日の帰宅途中に思ったこと、今朝起きて考えたこと、そして日頃の感謝。そういったことを手紙にしたためる。

また、早く帰宅できる日は花が好きな奥さんのために花を買って帰る。少なくとも月に２回は花を買うと言います。行き着けの花屋があり、花にも詳しくなった。家には常時、花が活けられている。「家に花があるというのはいいものですよ」、Ｔ氏はそう話されます。

ビジネスでもプライベートでも、相手が誰であれ、人と誠実に向き合う姿勢は一貫してぶれない。多くの方が厚い信頼を寄せるＴ氏ですが、こういった話を聴くとさらに厚い信頼を覚えます。

また、窮地と平常時とで振る舞いに一貫性があるかどうかも、人間的信頼に大きく影響します。窮地においては人の本性が出ます。それゆえに、窮地における振る舞いは強く印象に残ります。窮地においても人に優しくできる。窮地においてもユーモアを忘れずにいられる。このような振る舞いは人間的信頼を厚くします。

サラリーマンだった頃、私の力不足である上司に大きなご迷惑をかけたことがあります。その時に上司がユーモアを交えて言った言葉はいまだに忘れられず、その上司に厚い信頼を寄せるようになった言葉でした。

「藤田、お前はベストを尽くした。あとは俺に任せとけ。大丈夫。俺は怒られるのだけは得意だから」

発言や行動、在り方に一貫性がある人、人に対する態度に一貫性がある人、窮地と平常時の振る舞いに一貫性がある人、こういった一貫性があり、ぶれない人のことを「軸のある人」「筋の通った人」と言ったりしますが、こういった人の言葉には重みがあり、一目置かれる存在となります。一貫性のある生き方をすることは決して簡単なことではなく、自らを律することが必要とされます。この自らを律しようとする意識が、人を動かし導く力につながっていきます。

▽心の性質16：相手が信頼できるかどうかを判断する際に、発言と行動が一貫しているか、人に対する態度が一貫しているか、窮地と平常時の振る舞いが一貫しているかを見る。

第５節　公欲と私欲

本章の冒頭でご紹介した「どのような相手に人間的信頼を覚えますか」というテーマの意見として、Ｇｉｖｅの精神がある人、面倒見がいい人、思いやりがある人など、他の人のために動こうとする人を挙げる意見も多く出ました。

ＥＲＧ理論では生存欲求、関係欲求、成長欲求が挙げられていましたが、人間は様々な種類の欲求を持っています。

この欲求の分類として、私欲と公欲という分類があります。

私欲は自分のために何かをしたいという欲求です。公欲は自分以外の誰かのために何かをしたいという欲求です。公欲は自分以外の誰かが喜ぶこと自体に自らも喜びを感じるため誰かを喜ばせたいと思う欲であり、相手を喜ばせようとする理由が何らかの見返りを期待したものであれば、それは公欲ではなく私欲となります。

お金を稼ぐということに関しても、その目的によっては私欲にも公欲にもなります。

自分の趣味の車を買うためにお金を稼ぎたいというのであれば、それは私欲です。

病院のない村に病院を建てるためにお金を稼ぎたいというのであれば、それは公欲です。

私欲と公欲のどちらが強いかは人それぞれです。私欲を満たすことに強いモチベーションを感じる人もいれば、公欲を満たすことに強いモチベーションを感じる人もいます。

ただ、公欲が強い人の周りには人が集まり、私欲が強い人の周りからは人が離れる。様々な人の動向を見ていると、そんな傾向があると感じます。

人を動かし導くうえで、公欲の強さは大きく影響します。

誰かのために何かをするという行為は人の心を打ちます。

映画を見ていても、誰かのために自らが犠牲になるというシーンを見ると感動を覚えますが、自らのために他者を犠牲にするというシーンを見ても感動を覚えることはありません。

ではなぜ「誰かのために」という行為が人の心を打つのでしょうか。

脳科学者の中野信子氏は著書『脳科学からみた「祈り」』（潮出版社）で、こう書かれています。

「……これまでに、数え切れないほどの生物種が絶滅し続けてきました。そうした中にあって、人類は、共に助け合うことで生き残り、現在の繁栄を築いてきました。……つまり、互いに助け合う『利他の行動』で快感を覚える脳、率先して『利他の行動』をとらせる脳。これが人類が種として生き延びてくるための唯一の武器だったのです」

また、脳神経外科医の篠浦伸禎氏は著書『人に向かわず天に向かえ』（小学館）にて、人間学を学び「私」を退け「公」の精神を発揮することは右脳を刺激すると書かれています。

他の動物と比べると非力な人類にとって、互いに協力し合うという関係づくり、チームワークが最大の武器であり、それができるかどうかが死活問題であったという歴史的背景の中で、人間の脳は「誰かのために」という行為に美しさや感動を覚えるように進化していったのかもしれません。互いに支え合う姿を意味する「人」という字は、正にこのことを象徴していると言えるでしょう。

私はセミナーや研修で人生で叶えたい夢を20個書いていただくことがあります。これを書くことで様々な気付きがあります。

受講生のG氏にも夢を書いていただきました。

会社の売上を○○億円以上にしたい。○億円以上の個人資産を持ちたい。体が元気なうちに世界一周旅行をしたい。テレビに出たい……

時間をかけて考えたのですが、10個も書くと、もう夢が出て来なくなり、筆が止まりました。

それから、彼はしばらく考えてあることに気が付きました。

夢の内容がすべて自分のためのものばかりだと。

それから、自分以外の人のためになる夢を考えることにしました。すると、叶えたい夢が次々に出てきました。

部下に幸せな人生を歩んでほしい。お客様のビジネスがもっとうまくいってほしい。

祖父と祖母に息子を抱かせたい。妻をフランスに連れて行ってあげたい…


そうやって誰かのための夢を書き出していくと、彼はすとんと腹に落ちるものがありました。身近な人を喜ばせたい、大切な人の夢を叶えたい、それも自分の夢なんだと。

その夢を叶えるためには、大切な人の夢が何なのかを知らなければいけない。彼は家族や部下、友人たちの夢を聴いて回りました。すると、自分の人生に対するモチベーションの感じ方が変わりました。

「みんなの夢を聴いて回っていたら、その夢を叶えてあげたいと思うようになり、それが自分の夢になりました」

大切な人の夢を叶えるのも自分の夢。そう話す彼は自らの公欲の強さに気付きました。

その公欲の強さは人間的な信頼をもたらし、人望へとつながっていきます。

「スモールビジネスの神様」と呼ばれる経営コンサルタントのマイケル・ガーバー氏は、夢を2つのタイプに分けます。一つは、パーソナルドリーム∴個人の幸せを追求するための夢、もう一つはインパーソナルドリーム∴社会や他者の幸せのための夢。

ガーバー氏は世界中の数万というビジネスを研究した結果、真に成功を生む起業家はインパーソナルドリームよって動いていると話しています。

また、松下幸之助氏は成功する経営者と失敗する経営者の違いは私心の大きさであり、私心に囚われた経営をすると会社の繁栄はないとし、もし自分が繁栄したいと願うならば、他人も共に栄え、社会全体が繁栄してゆくことをあわせて願わなければならないと話されています。

公欲が大きくなると、それは「志」へと発展していきます。志に関して幸之助氏はこんな言葉を残されています。

「志とは、自分の力を超えた存在に、自分という有限な存在を同化させていく作業なのである」

自分のためとなるとそこまで頑張れないことでも、誰かのためとなるといつにも増して頑張ることができた。そんな経験はないでしょうか。

利他の行動に美しさと感動を覚える脳は、公欲によって大きなエネルギーを得ます。経営もビジネスも、私欲と公欲のいずれを優先するかの葛藤が常につきまといます。ただ、偉大な成果を修めた人たちは、壮大なスケールの公欲を抱いていました。むしろ、壮大なスケールの公欲を抱いていたから、偉大な成果を修めることができたというべきなのかもしれません。公欲から生じるエネルギーは仕事や人生のスケールを大きくしてくれます。

あなたが仕事をする目的は何でしょうか。

その目的の私欲と公欲の割合はどのような割合でしょうか。

もし、公欲の割合がまだまだ小さいのであれば、それは自身の可能性に気付けていないだけかもしれません。公欲も自らの欲であることに気付ければ、より大きなスケールで、仕事や人生を捉えることができ、自らの可能性を大きく伸ばすことができるでしょう。

本章では人間的信頼というテーマについて、いくつかの切り口からお話ししてきました。人間的信頼というテーマの大きさを考えると、とてもすべてを話し切れるものではありません。また、その考え方は人の数だけ多種多様ではないかと思います。ただ、人間的信頼を得るということを考えるうえで、本章がその一助となれば幸いです。

▽心の性質17：欲には私欲と公欲がある。

▽心の性質18：大きな公欲を持つことは、仕事や人生のスケールを大きくする。

第4章

MANAGEMENT PSYCHOLOGY FOR A LEADER

能力的信頼：「仕事ができる」ということの意味

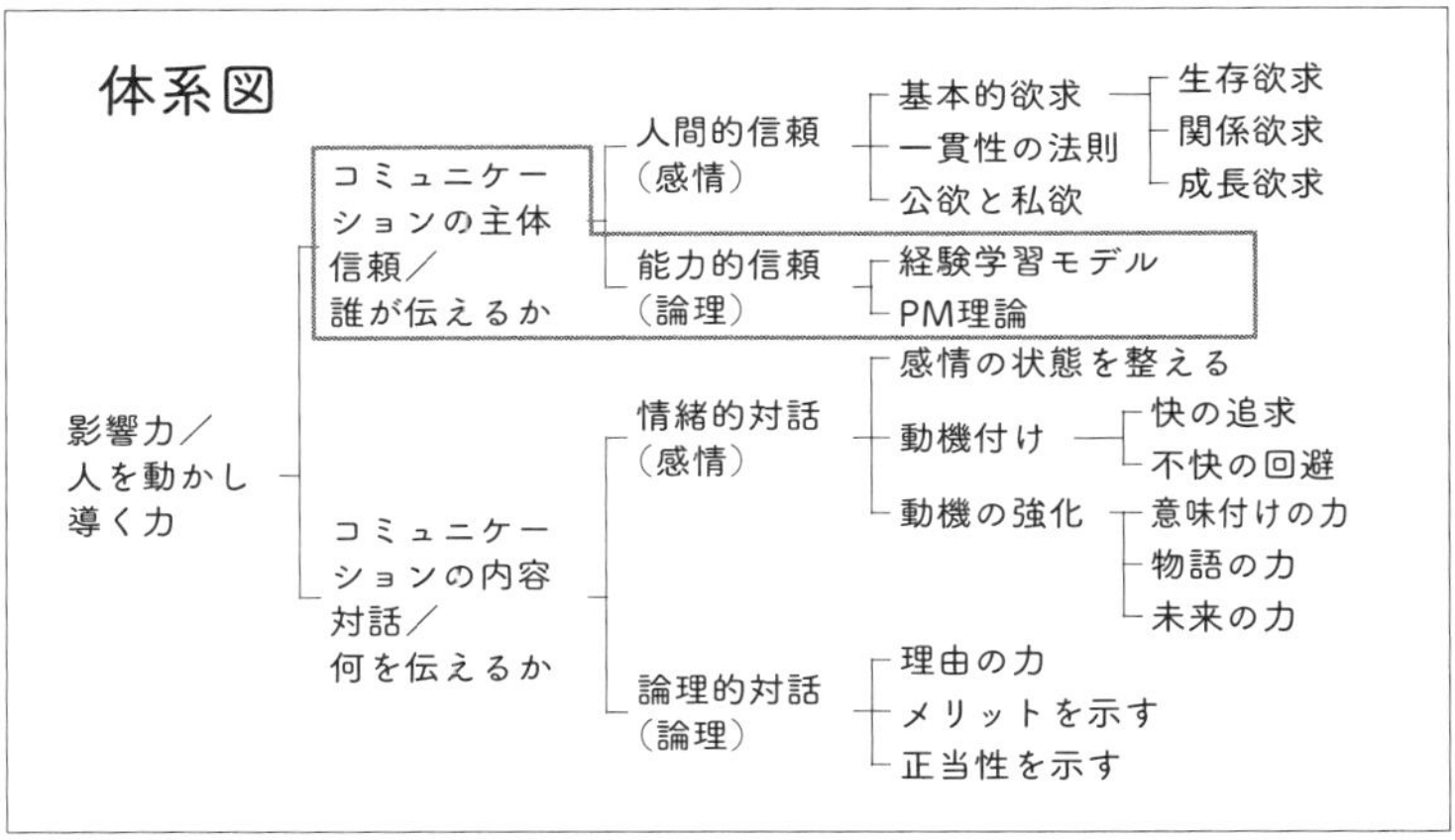

第1節　成長が早い人に見られる思考パターン

第3章では人間的信頼についてお話ししてきました。ただ、経営やビジネスにおいては人間的信頼さえあれば、部下や上司、お客様といった人を動かし導くことができるかというと、必ずしもそういうわけではありません。

人間的信頼はあり、感情の脳はOKを出しても、論理の脳はその人の仕事に対する実力、経験、専門知識、スキルなどが十分なのかといった能力的な信頼性を分析し、判断しようとします。そして、それらの要素が十分なものだと判断し、人間的信頼と能力的信頼の両方があると感じられた時、仕事に関してその人の言葉が力を持つようになります。そのため、経営・ビジネスの世界では、人間的信頼と能力的信頼の両方の信頼を得ることが求められます。

仕事に関する能力については、求められる役割によって異なります。その役割としては、大きく分けると、プレイヤーか、マネージャーかの２つがあります。

プレイヤーには、自らが個々の作業や仕事において高いパフォーマンスを発揮することが求められます。一方、マネージャーには、人を使って現場をまわし、人や組織を成長させることが求められます。そのため、いずれの役割について能力的信頼を得るのかによって、求められる能力は大きく異なります。

実際に業務でお客様として、上司、部下として、あるいはパートナーとして関わる中で、求められる役割において成果を出すことができれば、能力的信頼は得られます。さらに、継続的に成果を出し続け、それを積み重ねていくことで能力的信頼は確固たるものになっていきます。それが人を動かし導く力につながっていきます。

求められる役割において成果を出すためには、そのために必要な能力を高めていくことが必要になります。この点について、成長が早い人とそうでない人とでは、思考パターンにある傾向が見られます。まず、その点についてお話ししたいと思います。

組織行動学者のデービッド・コルブ氏は、経験から何かを学ぶプロセスを経験学習モデルとして、4つのプロセスを示しています。

①：何らかの具体的な体験をする（具体的経験）
②：①の体験を様々な視点から振り返る（省察的観察）
③：②の振り返りから法則性や教訓、コツを見出し、持論化する（持論化）
④：③の持論を新たな場面において応用的に実践する（実践的試み）

様々な会社の研修や経営コンサルティング、その他の業務の経験を通じて感じるのは、成長が早い人は、一つの経験（具体的経験）に対して、なぜうまくいったのか、なぜうまくいかなかったのかについての原因分析を行い（省察的観察）、その分析結果から仮説を立て、検証し、自らの中で持論化する（持論化）とともに、その持論を応用して新たな試みを行おうとします（実践的試み）。その一連の作業は、紙にまとめたり、パソコンでファイルを作ったりする場合もあれば、頭の中でなんとなくやっている場合もあります。

一方、成長が遅い人は、何かを経験をしても、なぜうまくいったのか、なぜうまくいかなかったのかの原因分析をせず、何かを持論化することもないため、同じことをやっても、成功を再現できなかったり、同じ失敗を繰り返したりします。

新人が後輩を持つとぐっと成長することがあります。それはこの経験学習モデルによって説明がつきます。後輩を持つと仕事のやり方を教えなければならないため、自分の中でうまく仕事をやるためにはどうすればいいかということを持論化し、それを言葉で伝えようとします。つまり、持論化が強制的に行われることになるため、本人の成長が促進されます。

従業員の成長を促進させたいといったご相談を受けた際には、成長を促進させたい業務の成功体験、失敗体験に関する原因分析と、そこから得られた持論に関するシェアの会を開いていただきます。

普段そういったことを考えたことがない方でも、「あなたの持論を教えて下さい」と言われると、これまでの経験を振り返り、原因分析、仮説の検証を行い、何らかの持論にまとめようとします。その結果得た持論は自らの財産として残ると共に、他の人の持論を聞くことで、すぐに業務に活かせる生きた知恵を学ぶことができます。

このように持論をアウトプットする機会を与えることで持論化を促すことは、相手の成長を促進させるうえで、とても効果的な方法です。

実際の仕事ぶりで高い成果をあげ、能力的信頼を得ていくうえで、この考え方は活用できます。そのためのコツとしては、持論化してその持論を誰かに教えるつもりで様々な業務に取り組むということです。日々の業務においてこういった意識を持つことで、求める能力についての成長の速度は上がっていくでしょう。

▼心の性質19：一つの体験に対して成功・失敗の原因を分析し、そこから持論を導き出したうえで、応用的な実践を行う。このサイクルを回すことで成長の速度は上がる。

第2節　仕事はできるのに出世できない人

プレイヤーとして能力的信頼を得るためには、業務のスピードや正確性、業務の経験、専門能力、専門知識、段取りや手際の良さ、コミュニケーション能力の高さといったものが求められます。一般的に「仕事ができる人」という言葉は、この能力が高い人という意味で使われることが多いでしょう。

一方、マネージャーとして求められる能力とは、人を使って現場をまわし、人や組織を育て、チームや組織全体のパフォーマンスを最大化する力です。

プレイヤーには、「自分」が高いパフォーマンスを発揮する能力が求められ、マネージャーには、「部下」や「チーム」、「組織」に高いパフォーマンスを発揮させる能力が求められます。

この両者において求められる能力は大きく異なるため、プレイヤーとしては一流、マネージャーとしては二流という方もいらっしゃいます。そういった方に多い特徴として、部下に任せることができず、自分でやってしまうということが挙げられます。

部下を抱えるリーダー、特に経営者のご相談を受ける中で、最も多いと感じているご相談が、部下が育たず、自分ばかりが忙しいというものです。

特に、プレイヤーとしての能力が高い人ほど、部下に求めるレベルが高くなり、部下に任せられず自分でやってしまう。その結果、こういった状況に陥りやすい傾向にあります。

ただ、こういったマネージャーのもとでは、部下は難しい仕事を担当する機会が得られず、マネージャーに指示された通りに動くのみとなるので、大きく成長する機会を得ることができません。部下の成長を考えると、マネージャーには、部下の能力をある程度見極めたうえで、部下が失敗した場合の責任をとる覚悟を持って、部下に仕事を任せ切る力も求められます。

また、マネージャーとしての能力を考えるにあたり、社会心理学者の三隅二不二氏が提唱したＰＭ理論についてお話ししたいと思います。ＰＭ理論はリーダーシップの機能を示すものであり、その機能はＰ機能（Ｐｅｒｆｏｒｍａｎｃｅ機能）とＭ機能（Ｍａｉｎｔｅｎａｎｃｅ機能）の２つからなります。

Ｐ機能は目標設定や計画立案、指示、叱咤などにより、成績や生産性を高める能力を指し、Ｍ機能は集団の人間関係を良好に保ち、チームワークを強化、維持する能力を指します。そして、この２つの能力の強弱により、リーダーシップのタイプを次の４つに分類します。

①ＰＭ型：Ｐ機能、Ｍ機能ともに強い。生産性を高め、目標を達成する力もあり、集団の人間関係を良好に保ち、まとめる力がある。リーダーの理想像。

②Ｐｍ型：Ｐ機能が強く、Ｍ機能が弱い。生産性を高め、目標を達成する力はあるが、集団の人間関係を良好に保つ力に欠け、集団をまとめる力は弱い。

③ｐＭ型：Ｐ機能が弱く、Ｍ機能が強い。集団の人間関係を良好に保ち、まとめる力はあるが、生産性を高め、目標を達成する力が弱い。

④ｐｍ型：Ｐ機能、Ｍ機能ともに弱い。生産性を高めることができず、目標を達成する力も弱く、集団の人間関係を良好に保ち、まとめる力も弱い。リーダーとしては失格。

マネージャーの中には、「仕事＝Ｐ機能を発揮すること」という意識を持っている人もいます。その結果、Ｐｍ型のマネージャーになりますが、プレイヤーとしての能力が高い人がＰｍ型のマネージャーになると、チームや組織は大きな危機を迎える可能性があります。

「彼は仕事はできるんですが、当たりがきつくて困っています。彼の下についたスタッフからは不満が多く、辞めていく人も後を絶ちません。ですので、現場がいつまで経ってもまとまらないんです。とは言え、彼は仕事ができるので、上司の私としてもなかなか強く言うことができなくて…」

仕事はできるが、当たりがきつい。仕事はできるが、人情味がない。ただ、本人は「これだけ仕事をやってるんだから、とやかく言われる筋合いはない！」と言わんばかりの態度。

確かに仕事のパフォーマンスは高く、その人に辞められると現場が回らなくなるので、上司としてもなかなか強く言えない。その結果、チームや組織の空気は重く、その人の下で働く人たちは強いストレスを抱え続ける。

こういった話をすると、「分かる！　実はうちも困ってるんですよ」と、身を乗り出して話を始めるリーダーの方も少なくありません。それほどに、こういう人材の扱いに悩むリーダーは多いと感じています。

この事例の「仕事ができる」とは、プレイヤーとしての能力が高いことを意味します。そのため、プレイヤーとしての能力的信頼は得られているものの、マネージャーとしては能力的信頼を得られていないという状況でしょう。周囲の人間としてはM機能を高め、マネージャーとして一流になって欲しいと願っています。

こういった人は、頭の回転が速く、成功体験が多いため、自らの意見に自信があることから、周囲の意見をなかなか素直に受け入れられず、他者を否定することも少なくありません。ただ、プレイヤーとしての能力は高いことから、周囲も一目置く存在であり、社内で発言力、影響力を持つようになります。特に、売上への貢献度が大きい場合や、その人にしかできない業務がある場合には、社長も上司も強く言うことが難しくなります。

このタイプの人は短期的には組織に大きな貢献をもたらすかもしれませんが、長期的には組織を衰退させる危険性をはらんでいます。

仕事ができるがゆえに、仕事ができない人の気持ちが分からない。気持ちが分からないからきつく当たる。その結果、現場の空気が悪くなり、メンバーのストレスが増大し、チームや組織全体のパフォーマンスが下がる。離職者が多い会社には、こういった人がいる可能性が高い傾向にあります。

チームや組織は売上が少々低迷しても、業務のパフォーマンスが下がっても、なんとかもちこたえることはできます。しかし、内部の人間関係が崩壊するとたちまち機能しなくなります。経験豊富な人事評価者はこのリスクを分かっているため、このタイプの人材を上のポストにつけようとはしません。

その結果、「仕事はできる」のに出世できないという状況になります。

こういったことからも、プレイヤーとして能力が高い人がマネージャーとしても能力を発揮するためには、人を立てる能力、仕事ができない人の気持ちも理解する能力、そして人に仕事を任せ切る能力が十分かどうかを意識することが重要だと感じています。

そして、「仕事ができる」の定義を広く持ち、P機能のみならずM機能も強くてはじめて「仕事ができる」と言えるという認識を持つことも大切なことだと言えるでしょう。

▼心の性質20：マネージャーには目的を遂行する力と人間関係を良好に保つ力の両方が求められる。

第3節　組織にとっての真のヒーローとは

マネージャーとしての能力が高い人は、周囲の人を立て、部下のやる気を引き出し、必要あらば自分は黒子に徹することができます。チームや組織全体のために最適な動き方ができる力。これがマネージャーとしての能力の特徴です。

こういった能力が高い人がリーダーになることで、チームや組織の成長が一気に加速することがあります。特に中小企業の場合、会社がワンランク上のステージに上がれるかどうかは、この能力が高い人材が社内にいるかどうかにかかっているといっても過言ではありません。

そのため、経営者や人事担当者はマネージャーとしての能力が高い人材を渇望しています。

売上も従業員も毎年大幅に増やしている、伸び盛りのＩＴ企業があります。この会社は設立後、数年間は足踏み状態が続きました。その原因はマネージャーとしての能力を持った人材がいないことにありました。

特殊なＩＴのスキルを持った人を優先的に採用し、そういったスキルが求められる業務を中心に受注していきました。その結果、会社も社長も特殊スキルを持った人間に依存するようになり、社長の発言力は低下していきます。

チームというよりは同じ場所で作業する個人の集まり。オフィスの雰囲気はそんな状況になり、社内の一体感はなく、それぞれのメンバーのわがまま振りが目立つようになっていきます。遂には様々な労働問題まで勃発し、社長はその対応で相当な時間をとられ、会社の成長は二の次といった状況になっていきます。

その反省から採用の際には、プレイヤーとしてのスキルのみならず、マネージャーとして全体最適をもたらす力があるかも重視するようになりました。その結果、全体最適をもたらす力が高い人材を採用することができ、その人間を社長の右腕のポジションに据えます。

彼は社長に意見は言うものの、最終的には社長を立て、他のメンバーの悩みも積極的に聴いて回ってくれました。そして、現場のメンバーの不満が高まる前にその状況を社長に伝えるとともに、会社全体のことを考える視点を持つことを社長に代わって現場のメンバーに伝えてくれました。そうやって、少しずつ組織の一体感が醸成されていきました。

以後、社内のことは基本的に右腕の彼に任せ、社長は次なる展開のために時間を使えるようになります。その結果がこの業績の伸びに表れています。

プレイヤーとしての能力が高い人の中には、自分一人がヒーローになろうとする人もいます。ただ、そういう人をいくら集めても、組織はなかなか成長しません。

一方、組織全体がヒーローになるように動いてくれる人もいます。そういう人が組織に入ると、その組織は大きく成長します。そして、そういった組織の成長をもたらす人こそが、組織にとっての真のヒーローだと言えます。マネージャーとしての能力が高い人は、こういった全体最適のための動きができます。

自分がヒーローになろうとする気持ちから、チームや組織全体をヒーローにしようとする気持ちへ。その気持ちのシフトが進むほどに、マネージャーとしての能力は高くなるのではないかと思います。

「なぜ部下を成長させようとするのか」

その問いの答えにもマネージャーとしての資質が垣間見えます。

現場の仕事を任せることができるようになるので自分はマネージャーとしての仕事に専念できるから、あるいは業務の効率が上がり生産性が上がるからと答える方は比較的多いかもしれません。一方、純粋に部下の成長そのものが嬉しいからと答える方もいます。

いずれの理由も大切ですが、後者の理由をどこまで強く持てるかどうかで、部下の成長の度合いは大きく変わります。後者の理由を強く持つマネージャーは、部下に「勝ち」の味を味わってもらい、そして一緒に喜びたいと願っています。契約を決める、目標をクリアする、案件を成し遂げるといった「勝ち」の味を部下に味わってもらおうと、いろいろな助け船を出し、そして、部下が「勝ち」を味わうと、一緒になって喜びます。

倒産寸前の会社を継ぎ、事業を立て直した社長がいらっしゃいます。この社長と今後の事業計画について打ち合わせをした際に、改めて、そもそもどういう会社にしていきたいのか、社長は自らの経営者人生を通じてどういうことをやりたいのかということについて伺いました。会社の規模を大きくする、新たな事業を展開する、さらなる利益を生み出す、そういった話をしても社長の表情は冴えません。ところが、従業員の育成や成長に関する話になると、表情がぱっと明るくなり、情緒豊かに話し始めました。

この従業員がこんな風に成長してくれたら嬉しいなぁ。あの従業員はこんな風に、あの従業員はあんな風に、そうやって成長してもらうために私ができることは何だろうか。目をらんらんと輝かせながら話されていました。

従業員の成長こそが我が喜び。正にそこに仕事のやりがい、生きがいを見出しておられる様子でした。このようなリーダーのもとにいれば、従業員は強い信頼関係の中で育っていくし、それに伴って業績も伸びる。

私は倒産寸前の会社を立て直すことができた理由がここにあると感じました。

このように、業務を効率化するために部下を成長させようとするマネージャーと、部下の成長そのものを我がことのように喜ぶマネージャーとでは、そのもとにいる部下の成長意欲も成長のスピードも大きく異なります。その違いがチームや組織のパフォーマンスにも表れ、結果としてマネージャーとしての能力に関する周囲の評価にも大きな差が生まれます。

自分は誰をヒーローにしようとしているのか。そして、部下を成長させたいと願う理由はどのようなものなのか。このことを自らに問うことは、マネージャーとしての能力を大きく開花させるきっかけとなるかもしれません。

そして、より「仕事」ができる人になっていくことでしょう。

どの役割において、能力的信頼を得たいのか、それによって自らの向き合い方も、相手に対する接し方も大きく異なります。また、マネージャーとしての能力的信頼を得るうえでは、人間的信頼が大きく関わってくることにお気付きになられた方もいらっしゃるでしょう。

近年、若い人たちが職場に求めるものとして、高い給料よりも良好な人間関係をあげる傾向が次第に強くなってきています。そのため、良好な人間関係を保つためのマネージャーとしての能力は、今後、ますます重要になるでしょう。

また、プレイヤーとしての仕事は、これからの時代、人工知能に取って替わられる部分が増えてくるでしょう。しかし、マネージャーとしての仕事はなかなか人工知能に代替できるものではありません。

人工知能の進化が加速するこれからの時代、マネージャーとしての能力を高め、マネージャーとしての能力的信頼を得ることの重要性はより高まっていくのではないかと感じています。

そして、それとともに「仕事ができる」ということの意味も変わっていくのではないでしょうか。

▽心の性質21：自分一人がヒーローになろうとするのか、チームや組織全体をヒーローにしようとするのか、その意識の持ち方がマネージャーとしての能力を大きく左右する。

▽心の性質22：部下の成長そのものを自分の喜びとできることは、マネージャーとしての重要な能力であり、その能力は部下の成長を促進し、組織の成長も促進させる。

第5章

MANAGEMENT PSYCHOLOGY FOR A LEADER

情緒的対話：
感情を動かす力

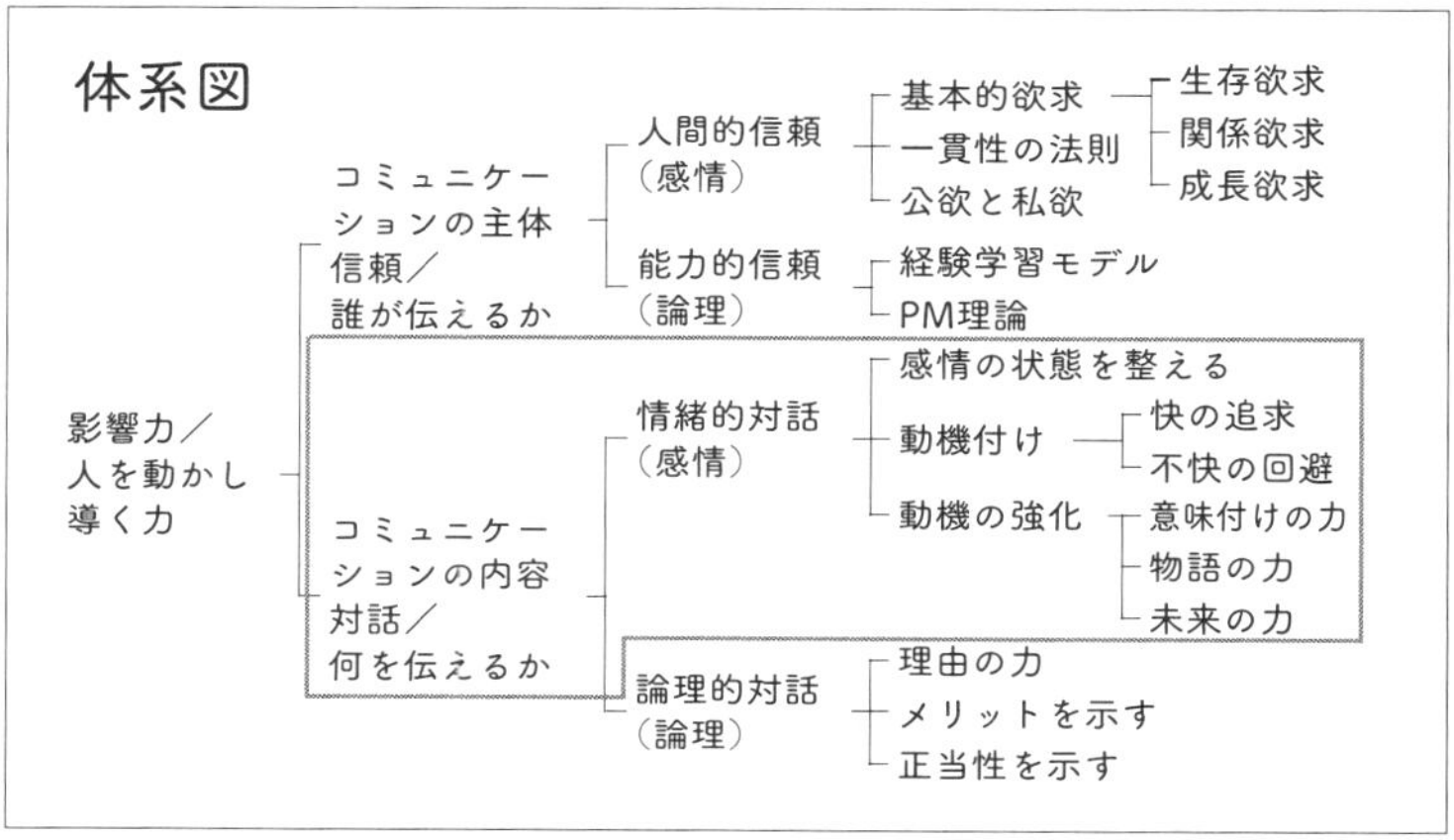

第1節　感情を動かす対話の3つの要素

❶人間の脳は「感情」が大好物

第3章、第4章では、コミュニケーションにおける「誰が伝えるか」ということに関してお話ししてきました。人を動かし導くための土台となるのが信頼であり、信頼が得られてはじめて対話の言葉に力が宿ります。

次に「何を伝えるか」に関する対話についてお話ししていきたいと思います。第2章でお話ししたように、対話については、感情の脳からOKを引き出す対話を情緒的対話、論理の脳からOKを引き出す対話を論理的対話と呼んでいます。

動物にはそれぞれ好物があります。ウサギはニンジン、サルはバナナ、コアラはユーカリ。

同じように人間の脳にも好物があります。その一つが「感情」です。映画やドラマを観るのが好きな方も多いかと思いますが、映画やドラマを観ても何の感情も起きなかったら面白いとは思わないでしょう。誰かと飲みに行っても、何の感情も生まれなければ、飲みに行こうとはしないと思います。つまり、映画やドラマを見たり、飲みに行ったりするのは、そうすることで生じる感情を味わうためです。

本章では人間の好物の一つ、感情に関してその性質について解説しながら、情緒的対話の話をしていきます。

感情の脳の判断基準は、「快と感じるか、不快と感じるか」でした。情緒的対話はこの判断基準をもとに、感情を動かすことで人を動かし導くことを目的としています。

情緒的対話は次の３つの要素から構成されます。

①感情の状態を整える、②動機付け、③動機の強化

お互いの感情を良好な状態に整えたうえで、相手を動かし導きたい方向へ動機付けし、感情を動かして動機を強化していきます。

第3章で相手を認めるためのコミュニケーションとして、否定しない、褒める、感謝の言葉

を伝える、話を聴く、労をねぎらうということについてお話ししましたが、こういったコミュニケーションは感情を良好な状態に整えるものであり、情緒的対話のベースとなるものです。そのため、情緒的対話はこういったコミュニケーションがベースにあることを前提に読み進めていただければと思います。

> ▼心の性質23：相手を認めるためのコミュニケーションは、お互いの感情を良好な状態に整える。

❷感情は伝染する

情緒的対話を行ううえでは、まずお互いの感情を良好な状態に整えることから始まります。何か話があって相手に会いに行った時、時間がない場合等を除いては、会っていきなり本題に入るということはあまりないでしょう。まずは笑顔で挨拶をして、軽く雑談から始め、徐々にお互いの感情を良好な状態に整えようとすると思います。これはお互いにとって良い対話をするためには、対話を始める前にお互いの感情の状態を整えることが重要であることを無意的に感じ取っているからです。

そして、対話が始まった後は、お互いの感情を良好なまま保つことが必要です。そのためにはいくつか留意しなければいけないことがありますが、そのうちの一つが感情は伝染するということです。

１９９６年、イタリアでミラーニューロンという神経細胞が発見されました。このミラーニューロンは霊長類などの高等動物の脳内で、他の個体の行動や感情に反応し、それを模倣しようとする働きを持ちます。目にした行為を自分自身の行為であるかのように共鳴する神経細胞であり、他人がしていることを見て、我がことのように感じる共感能力を司っています。

このミラーニューロンの働きによって、場を共有する人の感情を読み取り、その感情に同調しようとします。そして、他者の話を聴く中で共感したり、その相手と同じ体験をしているかのように感情移入したりすることができます。

誰かが笑っているのを見ると、自分も楽しくなる。

誰かが泣いているのを見ると、自分ももらい泣きしてしまう。

映画を観る場合でも、映画の中で起きることは観客の自分には関係のないことであるにもかかわらず、映画の主人公に感情移入し、喜怒哀楽を共にする。

これもミラーニューロンの働きです。

このことに関連して、「情動伝染」という心理学の言葉があります。これはある人の感情が他の人にも伝染していくことを意味します。情動伝染は意識的に行うものではなく、無意識のうちに相互の感情に影響をもたらす反射的作用です。楽しい気分の人と一緒にいれば自分も楽しくなるし、悲しい気分の人と一緒にいれば自分も悲しい気分になる。こういった経験はこれまでにも数多くあると思います。

このように感情は人から人へ伝染し、相互に影響し合います。

相手の感情は自分に伝染し、自分の感情は相手に伝染する。相手の感情がポジティブだと自分の感情もポジティブになりやすく、相手の感情がネガティブだと自分の感情もネガティブになりやすい。同様に、自分の感情がポジティブだと相手の感情もポジティブになりやすく、自分の感情がネガティブだと相手の感情もネガティブになりやすい。

感情はこのような性質を持ちます。

上司がイライラしながら注意をしてくると、言われた部下もイラッとして素直に注意を聞けなかったりする。逆に、上司から落ち着いた様子で諭すように注意されると、部下も落ち着いて素直にその言葉を受け入れやすくなる。そういった経験はないでしょうか。

プレゼンに関して言えば、内容の良いプレゼンであっても、発表者が緊張を露《あら》わにすると聞き手も落ち着いて聞くことが難しくなります。逆に、プレゼンの内容はいまいちでも、発表者が強い熱意を持って伸び伸びと話せば、その熱意が聞き手に伝わることもあります。

こういったことも感情が伝染する例だと言えます。

また、上下関係がある場合、立場が上の人は立場が下の人の感情に強い影響力を持ちます。例えば、リーダーがピリピリしているとオフィスの雰囲気はピンと張りつめた状態になり、リーダーの表情が和やかだと部下はリラックスして仕事に臨むことができるでしょう。

リーダーと部下以外にも、先輩と後輩、お客様と売り手、親と子、先生と生徒といった上下関係があります。

自分が思っている以上に、自分より立場が下の人は自分の感情に影響を受けていると言っても過言ではないでしょう。そのため、自分よりも立場が下の人を相手にする際には、自らの感情の伝染力の大きさを自覚しなければなりません。

そのため、人の上に立つ人は、まず自らの感情を管理できるようになる必要があります。上に立つ人の感情が不安定だと、その組織やチームのメンバーの感情も不安定になり、感情が不安定になるとパフォーマンスや業績も悪くなります。

感情の管理をするうえで重要なことは、自らの感情を認識するということです。

今、自分の感情はどのような状態か。イライラしていないか、焦っていないか、興奮していないか、テンションが上がり過ぎたり下がり過ぎたりしていないか。

その感情の状態が周囲に与える影響はどうか。周囲に悪い影響を与えるようであれば、今の感情の状態を改善させるためにはどうすればよいか。

立場が上の人やリーダーには、こういったことを自問自答しながら、自らの感情と向き合い、感情の管理をすることが求められます。

ある保育士さんからこんな話を聴きました。

「園児たちは先生の感情の状態に敏感に反応します。自分が何か嫌なことがあって感情の状態が乱れた状態で園児の前に立つと、園児たちは騒いだり、言うことを聞かなかったり、落ち着きがなかったりします。逆に、嬉しいことがあったりして自分の感情の状態がとても良い時は、園児たちもとても素直で、まとまりがよく、言うことを聞いてくれます。なので、園児たちの状態が荒れているなと感じた時は、まず自分の感情の状態に意識を向け、荒れていないかどうかをチェックし、感情の状態を整えるようにしています」

この保育士さんの話は感情の性質を考えるうえで、とても興味深い話です。

時には自らの感情が暴走しそうになることがあるかもしれません。

そういった時には、「この感情は誰のものなのか？」と自分に問い掛けます。もちろん自分のものだと思うでしょう。次に、「この感情を自分のものだと思ったのは誰か？」と問い掛けます。それも自分だと思うかもしれません。そうしたらさらに、「この感情を『自分』のものだと思った「自分」とは誰か？」と問い掛けます。

これを繰り返すうちにだんだんと「自分」の概念がぼやけていきます。

暴走して抑えられないほどの感情が生じている時は、「自分」に意識がフォーカスし過ぎている場合が多いです。そのため、「自分」の概念がぼやけてくると、それに伴って感情の所有者がぼやけてくる。すると、感情そのものを冷静に見られるようになっていきます。

ミラーニューロンや情動伝染の影響を考慮すると、人間の感情は互いに影響し合っていることがお分かりいただけるかと思います。

これは対話をするうえでも極めて重要なことです。

そのため、相手の感情を良好な状態に維持して対話を進めるためには、まず自らの感情を良好な状態に維持することが必要になります。

▽心の性質24：自分の感情は相手に伝染し、相手の感情は自分に伝染する。
▽心の性質25：立場が上の人の感情は、立場が下の人の感情に強く影響する。

第2節　人を動機付ける2つのアプローチ

❶「こうなりたい」という快追求型の動機

次に動機付けについてお話ししたいと思います。

人はアクションを起こす時、「そういうアクションを起こそう」という動機が必要となります。そのため、人を動かそうとする時はその方向に相手を動機付けする必要があります。

動機の種類は多岐にわたりますが、私は動機が生じるパターンを大きく分けて2つに整理しています。1つは快を味わいたいという快追求型、もう一つは不快を避けたいという不快回避型です。

①の例としては、褒められたいから仕事を頑張ろう、お客様に喜んでもらうと嬉しいからこれもやっておこうといった動機、②の例としては、上司に怒られたくないから仕事を頑張ろう、

お客様からクレームをもらいたくないからこれもやっておこうといった動機です。

快追求型の動機は喜びや楽しみを原動力とし、「こういう状況になりたい」という思いから動機を覚えるものです。

快追求型の動機にはドーパミンという脳内物質が関係しています。

ドーパミンは目標を達成した時や褒めてもらった時、楽しいことをしている時などに分泌され、快の刺激をもたらします。嬉しい、楽しい、ワクワク、幸せといった感情と密接な関わりを持つ脳内物質です。

ドーパミンが分泌されると、やる気が出る、記憶力が上がる、集中力が上がる、学習効果が上がるという作用があります。

「好きこそものの上手なれ」ということわざがありますが、好きで楽しみながらやっていることは、ドーパミンを分泌しながらやっているため上達が早いと言えるのかもしれません。

脳はある行動をとれば快の刺激が得られるということを学習すると、またその行動をとって快の刺激を得ようとします。つまり、ドーパミンには中毒性があり、一度、快の刺激を味わうと、また味わいたい、あるいはさらに強い快の刺激を味わいたいという衝動に駆られるようになります。これが次のやる気につながるわけです。

このように、一度ドーパミンの快を味わい、またその快を味わおうと行動を起こし、だんだんとその行動が強化されていくことをドーパミンの「強化学習」といいます。

人間の成長に関しては、この強化学習がとても大きく影響します。

何かの目標をクリアし、達成感を覚え、快の刺激を味わうと、さらに強い達成感と快の刺激を味わおうとするため、より高い目標を設定し、その目標にチャレンジしようとします。より高い目標へのチャレンジの過程において、練習したり、工夫したり、何かを学んだりすることで、人は成長していきます。

任せられた仕事をうまくやり遂げ上司から褒められると、自信がつき、より難しい仕事に取り組もうとする。テレビゲームをしていて、あるステージをクリアするとより難易度の高いステージにチャレンジしたくなる。１００人中12番の成績がとれたら、次は10番以内を目指したくなる。こういったことも強化学習の例だと言えるでしょう。

逆に、一つの目標をクリアしても次の目標が見つからない場合はやる気を失いがちです。仕事をうまくこなしても褒められることもなく、ずっと同じ仕事ばかりやらされ続けると、次第にやる気を失います。テレビゲームをやっていても、さらに難易度の高いステージがあるわけではなく、弱い敵ばかり倒しているとやる気がなくなる。10番以内を目指しても、上位10人の成績が自分の成績と比べてあまりにかけ離れていると無理だと感じてやる気を失う。

このように、次の目標を見つけられないと人はやる気を失います。

オリンピックの金メダリストが燃え尽き症候群に陥るという話を聞きます。金メダルという目標に向けて、高いモチベーションを持って取り組み続け、金メダルを取ってしまうとそれ以上の目標がなくなり、モチベーションがなくなってしまう。

これは強化学習のサイクルから外れてしまった状態にあると言えます。

継続的にやる気を維持し、成長し続けるためには、この強化学習のサイクルに入ることができるかどうかがポイントになります。

このように、人間はより強い快の刺激を求めて、達成可能だと思える次なる目標を見つけ、その目標に向かってまた取り組むことで成長を続けていく存在であることが分かると思います。

人間のこの心の性質に基づき、快追求型の動機を引き出すようなリーダーシップを発揮できるかどうかで、組織やチームのパフォーマンスは大きく変わっていきます。

▼心の性質26：動機には快を味わいたいという快追求型の動機と、不快を避けたいという不快回避型の動機がある。

▼心の性質27：ドーパミンが分泌され快の刺激を味わうと、またその刺激を味わおうとする動機が生じ、強化学習が起きる。

❷「こうはなりたくない」という不快回避型の動機

不快回避型の動機は恐怖や不安を原動力とし、「こういう状況にはなりたくない」という思いから生じるものです。

不快回避型の動機にはノルアドレナリンという脳内物質が関係しています。

人は恐怖や不安などのストレスを感じると、ノルアドレナリンが分泌されます。ノルアドレナリンが分泌されると心拍数が高まり、脳が覚醒し集中力が高まるとともに、脳が活性化することで判断力も高まります。

ノルアドレナリンは闘争・逃走ホルモンとも言われます。

太古の昔、人は肉食獣などの外敵に遭遇すると恐怖を感じ、闘うもしくは逃げるという行動をとることでその恐怖を回避しようとしました。その外敵と闘いやっつけた場合や、その外敵から逃げ延びることができた場合、外敵に対する恐怖は消えます。このように人は恐怖という不快を回避しようとし、そのために心拍数を高め、集中力、判断力を上げ、闘うもしくは逃げるために身体的な準備をしようとします。

現代社会における恐怖の代表例としては、上司やお客様、先生、親に叱られるということが挙げられます。上司から叱られた際には恐怖を感じるとともに、二度とこういう状況にはなりたくないという思いから、同じ過ちを繰り返さないように行動を改めようとするでしょう。あるいは、明日のプレゼンの準備が全然できていないとなると、「ヤバい！　急いで準備しないと！」と、高い集中力を持って取り組むでしょう。

こういった話で頭をよぎるのが、小学校や中学校の時の夏休みの宿題についてではないでしょうか。なんだかんだでぎりぎりまで宿題をやらず、８月の終わりになって、「ヤバい！　あと３日しかない！」と追い込まれ、高い集中力を持って宿題に取り組んだ。そんな経験をお持ちの方も多いのではないでしょうか。

「火事場のくそ力」や「背水の陣」という言葉がありますが、人間は追い込まれると平常時にはないようなものすごい力を発揮することがあります。

自分は追い込まれると真価を発揮するタイプだと言う方もいますが、こういった方はノルアドレナリンの力を活用することで困難を乗り越えてきたという経験が多いのでしょう。

人を動かし導くうえでは、時に不快回避型の動機を引き出すことも効果的だと言えます。

▽心の性質28：窮地に追い込まれ恐怖を感じると、ノルアドレナリンが分泌され、集中力、判断力が高まり、その恐怖を回避しようとする強い動機が生じる。

❸商品を買うのは快を得るためか、不快を回避するためか

人の消費行動も快追求型と不快回避型の2種類の動機が影響しています。

消費行動には、快と感じる状況を手に入れたいという動機から何かを買うという快追求型の消費行動と、不快と感じる状況を回避したい、不快と感じる状況から解放されたいという動機から何かを買おうという不快回避型の消費行動があります。

快追求型の消費行動としては次のようなものがあります。

・家で本格的な映画を楽しみたい↓電気屋に行ってホームシアターセットを買う
・ステータスの一つとして高級時計を身につけたい↓スイスの高級時計を買う
・雰囲気のいいところで美味しいものを食べたい↓３つ星レストランに行く

一方、不快回避型の消費行動には次のようなものがあります。

・歯の痛みを治したい↓歯医者に行って治療してもらう
・万が一の時にお金に困りたくない↓保険に入る
・部屋の狭さから解放されたい↓大きな戸建ての家を買う

そのため、マーケティングや営業もこの動機のタイプを考慮したうえで進めることで、その効果はより高まります。

お客様はどういった動機によって物やサービスを買おうとするのかを把握したうえで、その快が得られる、あるいは不快が回避できるイメージをＨＰやチラシ、パンフレット、その他の広告、店舗のレイアウトなどに反映させるとともに、お客様との会話や説明においてもそのイメージを明確に伝えることで、消費意欲を高めることができます。

また、一方の動機を喚起する説明をしてもなかなか購入には至らない場合に、もう一方の動機を喚起する説明をすることで、お客様が購入に踏み切る場合があります。

例えば、電気屋に行ってホームシアターセットを買うという消費行動は、「家で本格的な映画を楽しみたい」という快追求型の動機で生じる場合もありますが、その動機だけでは購入に至らない場合は、「在庫はあと1台です」ということを伝えることによって、「ヤバい！　売り切れで手に入らないのは困る！」という不快回避型の動機が生じ、購入に踏み切る場合があります。

また、大きな戸建ての家を買うという消費行動は、「部屋の狭さから解放されたい」という不快回避型の動機で生じる場合もありますが、その動機だけでは購入に至らない場合は、「自分の書斎を持ってみたいと思いませんか」といった提案をすることで、「自分の書斎か、それもいいな」と快追求型の動機が生じ、購入に踏み切る、そんな場合もあります。

どちらのタイプの動機により強く反応するかは人それぞれ異なります。

ただ、一般的には、「こうなるといいな、こうなりたい」という快追求型の動機より、「ヤバい！　何とかしなければ」という不快回避型の動機の方が、より衝動的で即効性があります。

ノルアドレナリンは太古の昔において外敵から身を守るため、瞬時に戦闘態勢あるいは逃走態勢をとらせるためのホルモンであり、命に関わるものであったことから、すべての動機に優先する動機を生み出すものと言われています。

そのため、ここぞという時には、不快回避型の動機を刺激することは効果的です。

とは言え、不快回避型の動機の活用の頻度には注意が必要です。

人を動かし導くうえでは信頼を得ることが欠かせないことは先にもお話ししましたが、頻繁に不快回避型の動機をあおってくる相手に対しては、あまり良い印象は持たないでしょう。

それが原因で信頼を失うようなことがあっては元も子もありません。

実際、過剰に不快回避型の動機をあおっている宣伝や広告を見かけることはあると思いますが、そういう宣伝や広告を出す会社や相手に対して信頼を覚えやすいとは言い難いでしょう。

やみくもに相手の動機を刺激すればいいというわけではなく、何よりも信頼関係を維持することを優先したうえで、相手の動機を喚起する対話を進めるべきだと言えます。

▼心の性質29：消費行動の動機も、快追求型の動機と不快回避型の動機がある。

④「褒める」と「叱る」の最適な割合とは

「今年の売上目標金額を書いて。必ず達成する金額だよ」

新事業年度1発目の営業ミーティングで営業マンにこう話す営業チームのリーダーがいます。そして、今年の売上金額を書いた紙を回収して壁に貼り出します。

「全員が自分の書いた金額を達成したらみんなでハワイに行くぞ。もちろん旅費は全部出す。ただし、1人でも自分の書いた金額が達成できなかったらハワイはなし」

みんなでタダでハワイに行くことを考えると、それは楽しいだろうなぁと快追求型の動機が喚起され、その快追求型の動機が強いものであればあるほど、もし自分が達成できなかったらみんなに迷惑をかけてしまう、それはまずい！という不快回避型の動機も強くなります。

この指示は部下に対して快追求型と不快回避型の両方の動機を強く喚起しています。

実際、このチームは毎年高い営業成績を残すことができています。快追求型と不快回避型の動機をうまく活用したリーダーシップの事例です。

よく人を動かすためにはアメとムチが大切だと言われますが、リーダーシップのアプローチにも、快追求型と不快回避型のアプローチがあります。チームのメンバーは、高い評価を得たい、褒められたいといった快追求型の動機から頑張る場合もあれば、低い評価を受けたくない、叱られたくないといった不快回避型の動機から頑張る場合もあります。

褒めてだめなら叱ってみる。叱ってだめなら褒めてみる。

ワクワクする未来を語って動かなければ、危機感を持たせてみる。危機感を持たせて動かなければ、ワクワクする未来を語ってみる。

どちらのタイプのアプローチが効果的なのかは人によって異なりますし、リーダーと相手の関係によっても異なります。そのため、相手の特性を見極めながら、効果的な関わり方を模索することが求められます。

ただ、不快回避型のアプローチには緊張感や焦燥感、緊迫感などが伴います。

長期にわたってこういった状況が続くと、精神的にも肉体的にも限界を迎えます。そのため、不快回避型の動機を刺激することは短期的には強い効果をもたらしますが、長期にわたって継続してその効果を発揮することは難しいでしょう。

「褒める」と「叱る」の最適なバランスについて、アメリカの心理学者マーシャル・ロサダ氏の興味深い研究があります。彼は60のマネジメントチームを対象に、コミュニケーションの中で使用された言葉がポジティブ・ネガティブのどちらなのかを記録・分析しました。

その結果によると、生産性・顧客満足度・社内評価等で高いパフォーマンスを発揮するチームは、コミュニケーションの中で使用された言葉のポジティブ：ネガティブの比はおよそ６：１で算出されました。

さらに、一般的に人間がハイパフォーマンスを実現するためには、ポジティブな感情とネガティブな感情がおよそ３：１の比率で維持されることが重要だという結論も導き出しています。

その他にも様々な「褒める」と「叱る」の割合に関する研究の結果がありますが、私の知る限りでは、いずれもその割合は、「叱る」よりも、「褒める」の方を多くすべきという結論が出されています。

江戸時代の農政家・思想家の二宮尊徳はこのように言っています。

「可愛くば、五つ教えて三つ褒め、二つ叱って良き人となせ」

この言葉も叱る回数より褒める回数の方を多くすることを勧めたものです。

叱る回数よりも褒める回数を多くすることで、人も組織も活性化する。もちろん例外はあるでしょうが、多くの場合においてこのことは当てはまるのではないかと思います。

そのため、相手のやる気や士気を長期的に高い状態に保つためには、快追求型の動機を引き出すことをベースとして、適切な目標を設定し、目標達成までの過程で支援し、達成すると褒め、さらなる高い目標を設定する。こうしてドーパミンの強化学習のサイクルに導くとともに、叱るべき時にきちんと叱り、不快回避型の動機を刺激して適度な緊張感を維持する。

長期的に人や組織を活性化するためには、こういった関わり方が効果的だと言えるでしょう。

今、やる気を引き出し、パフォーマンスを上げたい相手がいる場合、快追求型の動機と不快回避型の動機の最適なバランスに留意したリーダーシップを意識することで、相手のやる気とパフォーマンスにはきっと変化が表れるでしょう。

▽心の性質30：リーダーシップのタイプにも、快追求型のリーダーシップと不快回避型のリーダーシップがある。
▽心の性質31：快追求型のリーダーシップを中心に、必要に応じて不快回避型のリーダーシップを発揮する関わりが人と組織を活性化させるうえで効果的である。

第３節　感情の状態を左右する意味付けの力

❶どういった感情を抱くかは意味付けによって決まる

では次に、感情を動かし動機を強化するということについてお話ししていきたいと思います。動機には快追求型と不快回避型の２種類があるとお話ししました。では、そもそも快・不快といった感情はどのようなプロセスを経て生じているのでしょうか。

何かの出来事が起きると、大小様々な感情が生じます。良い出来事が起きれば、嬉しい、楽しいといったポジティブな感情が生じ、悪い出来事が起きれば、怒り、悲しみといったネガティブな感情が生じる。感情は起きる出来事によって決まるもの。そう思われている方も多いのではないでしょうか。

しかし、実はそうではありません。出来事の発生から感情が生じるまでの間には一つのプロセスが存在します。それは「意味付け」というプロセスです。

出来事が起こり、その出来事に意味付けをし、その意味付けに沿った感情が生じる。これが出来事の発生から感情が生じるまでのプロセスです。

出来事に対する「良い」「悪い」という判断は自らの意味付けによるものであり、起きた出来事自体が「良い」「悪い」という意味を持っているわけではありません。起きた出来事に対して、自らが「良い」という意味付けをすればポジティブな感情が生じ、「悪い」という意味付けをすればネガティブな感情が生じる。どのような感情が生じるかは自らの意味付け次第であり、意味付けをすることによって、生じる感情を自ら選んでいるのです。

ただ、この意味付けは無意識のうちに行われるため、意味付けというプロセスの存在に気付くことはなかなか難しいでしょう。

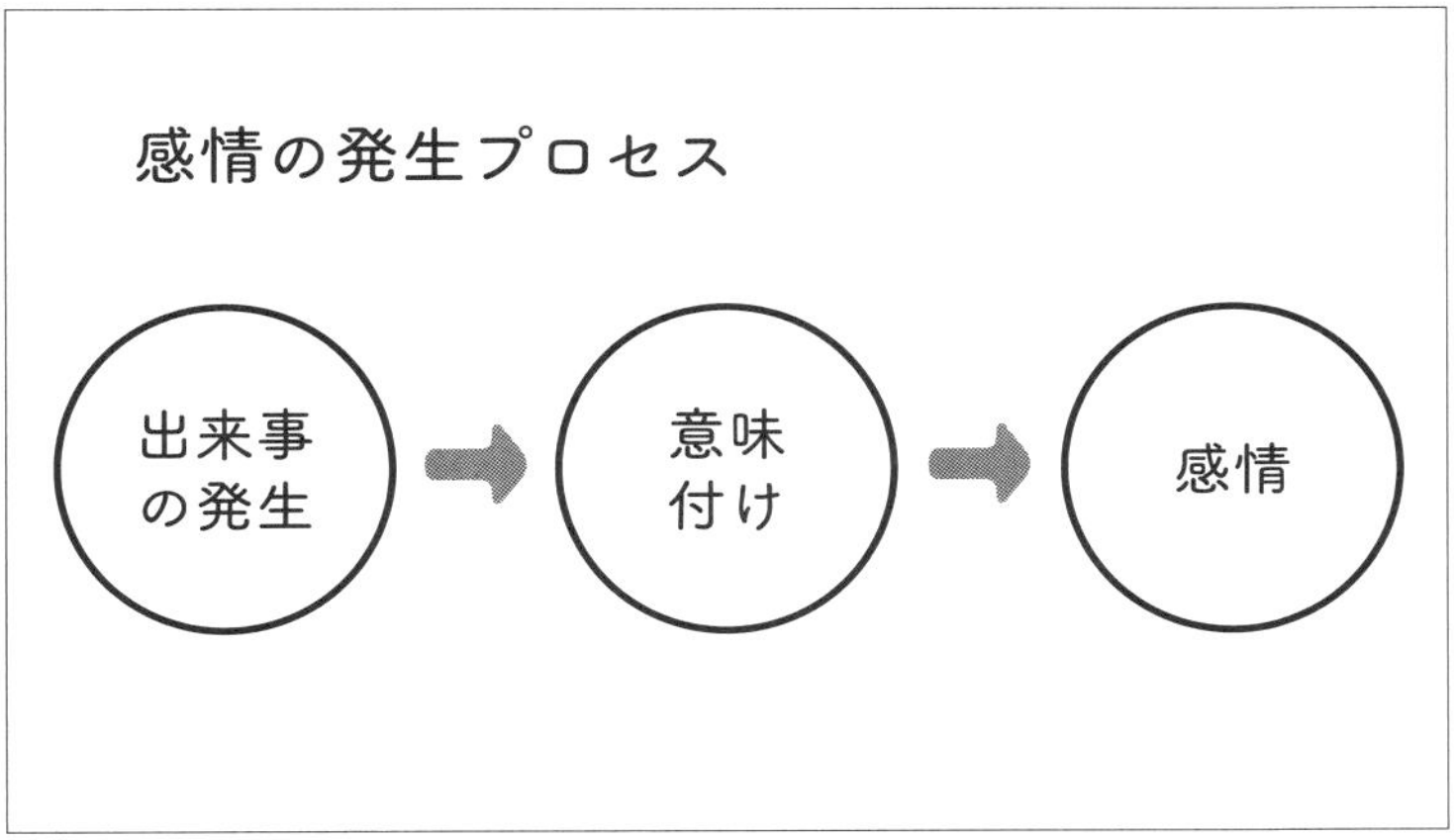

中国の書物『淮南子《えなんじ》』にある「人間万事塞翁が馬」という話があります。

中国の北の国境にある城塞の近くに占い上手な老人が住んでいました。

ある時、その老人が飼っていた馬が北の胡の国の方角に逃げていきました。近所の人々は気の毒がって老人をなぐさめましたが、老人は残念がる様子もなくこう言いました。

「このことが不幸であるとは限らない」

しばらく経ったある日、逃げ出した馬が胡の良馬をたくさん連れて帰ってきました。そこで近所の人たちがお祝いを言うと、老人は首を振ってこう言いました。

「このことが災いにならないとも限らない」

しばらくすると、老人の息子がその馬から落ちて足の骨を折ってしまいました。近所の人たちがかわいそうに思ってなぐさめに行くと、老人は平然と言います。

「このことが不幸であるとは限らない」

1年が経ったころ胡の異民族たちが城塞に襲撃してきました。城塞近くの若者は戦いに行き、胡人から城塞を守ることができたものの、多くの若者は戦いで命を落としました。

しかし、老人の息子は足を負傷していたため、戦いに行かずに済み、無事でした。


人は、置かれている環境や文化、これまでの人生経験、そこから形成される価値観や考え方、先入観、常識などをもとにし、起きた出来事に対して無意識的に意味付けを行います。しかし、この「人間万事塞翁が馬」の話から、起きた出来事に対する意味はその時々によって変わるものであり、起きる出来事自体が唯一絶対の意味を持っているわけではないことがお分かりになると思います。

置かれている状況が変わると、その出来事に対する意味付けも変わります。

そして、その意味付けの変化に伴い、生じる感情も変化します。


自分の意味付けや感情がどうであれ、出来事は淡々と生じ、淡々と過ぎていきます。

「この世の現実存在はすべて常に流動変化するものであり、一瞬といえども存在は同じ状態であり続けることはできない」

これは「諸行無常」という仏教の言葉です。

出来事に対する意味付けもその時々で移り変わるものであり、永久不変なものではありません。嬉しかった出来事が原因でつらい出来事を招くこともあれば、つらかった出来事が原因で嬉しい出来事を招くこともある。自分を喜ばしているのも、自分を苦しめているのも、それは出来事ではなく、意味付けをしている自分自身です。

他責の意識が強い人ほど、このことには気付きにくいでしょう。

オーストリアの心理学者アルフレッド・アドラーは次のように言っています。

「人間は（主観的に）意味付けられた世界に住んでいる。……人間であるかぎり、意味付けから逃れることはできない。我々は我々の与えた意味付けを通してのみ現実を体験するのであって、現実そのものではなく、何らかの形で解釈された現実を体験するのである」

▽心の性質32：感情は起きた出来事に対する意味付けによって変わる。

❷意味付けを変えることで感情を動かす

相手を動機付けようとしても、現状にネガティブな意味付けをしていることが原因で、アクションを起こすためのエネルギーが枯渇している場合があります。こういった場合は、相手が現状にどのような意味付けをしているのかを察し、そのエネルギーを取り戻すべく、必要に応じて現状に対する意味付けを変えるということも動機付けのための効果的なアプローチです。

意味付けを変えるというアプローチについては、アメリカの臨床心理学者、アルバート・エリスが提唱した「ABCDE理論」というカウンセリング理論があります。この理論は、出来事が直接的に人の感情や行動を引き起こすのではなく、意味付けが感情や行動を左右するとして、意味付けに対して適切な働きかけを行うことで、歪んだ物の見方や悲観的な考え方を軌道修正し、よりよい感情や行動へと導くアプローチです。

「ABCDE」とは、以下の言葉の頭文字をとったものです。

- Activating event（生じる出来事）
- Belief（出来事に対して意味付けを行う価値観・考え方）
- Consequence（意味付けの結果生じる感情や行動）
- Dispute（Beliefに対する反論）
- Effects（Disputeによってもたらされるより良い感情や行動）

これは、ある出来事（Activating event）に対して、ネガティブな感情や行動（Consequence）が生じている場合、その背景にあるネガティブな意味付けを行った価値観や考え方（Belief）に対して、論理的な反論（Dispute）を行うことで意味付けを変化させ、より良い感情や行動をもたらす（Effects）という方法です。この理論でポイントとなるのは、起きた事実に意識を向けるのではなく、意味付けを行った自らの価値観や考え方に意識を向けるという点です。

例えば、上司から叱られた際に、その事実に対して「上司は自分のことを嫌いになった」、「上司から無能だと思われている」、「今後の昇進は望めない」といった意味付けを行い、ネガティブな感情が生じたとします。そこでＡＢＣＤＥ理論を用いて、その意味付けを行った自らの価値観・考え方に対して、「世のすべての人が同じように考えるか」、「他の視点を持つことは不可能なのか」、「その考えを裏付ける明確な根拠や事実はあるのか」、「自分の思い込みではないということをどのように証明するのか」といった論理的な反論を行い、その価値観・考え方が非論理的なものであることに気付かせることで、先に生じたネガティブな感情を緩和します。

出来事自体に絶対的な意味があるわけではなく、価値観や考え方、視点などを変えると意味付けは変わり、意味付けが変わると感情も変わるということに気付けると、出来事に対する向き合い方もその後の行動も変わり始めます。

経営者のご相談を受けていると、私も驚くほどに様々な問題が同時並行的に生じ、ストレスで気力が無くなりかけている方もいます。そういった方は、「なんで私がこんな目に合わなければいけないんだ」と、現状にネガティブな意味付けをされていることがほとんどです。その状態では問題解決に向けての動きも消極的になり、事態がなかなか前に進みません。そのため、現状に対する意味付けを変えて、積極的に問題解決に取り組むための気力を取り戻していただくことが必要になります。

「しかし、こんなに大変なことがわざわざ同時に起きるのは不思議だと思いませんか。これには何か意味があると思うんですが、どんな意味があると思いますか」

そう問い掛けると、この現実に対して大きな視点から前向きな意味を見出そうとされます。膿を一旦全部吐き出してビジネスのレベルを一段上げろということなのかもしれない、経営者として一皮むけるための試練なのかもしれない、今までの仕事や経営に対する甘い考えを改めろというメッセージなのかもしれない。

こういった前向きな意味を見出し、現状に対する意味付けを変えていただくと、問題に向き合う気力が湧き、その解決に向けて徐々に積極的に取り組んでいただけるようになります。

ある社長の右腕となって活躍しているマネージャーの方がいます。社長はことあるごとに私にこのマネージャーの自慢をします。私はこの社長の部下自慢を聴くのが好きです。

その会社の懇親会でそのマネージャーの方とお話しする機会があり、「いつも社長が○○さんのことを褒めていますよ」と言うと、彼は目を真ん丸にして驚き、こう言いました。

「えっ!? いつも社長から叱られて、説教されてばかりですよ、私。これまでの仕事で一度も褒められたこともないですし、自信喪失の状態なんです。何かの間違いじゃないですか」

社長は本人に対しては褒めていないようでした。良いところは褒めない、悪いところは叱って説教する。その結果、このマネージャーはこれまでの自分の仕事ぶりにネガティブな意味付けをし、ネガティブな感情を味わい、自信喪失の状態に陥っていました。

そこで彼に自らの仕事ぶりに対する意味付けを変えてもらうため、私はこう言いました。

「でも、社長からかなりたくさんの仕事を任されていませんか」

「そうですね、かなりいろいろと仕事を任されます」

「仕事ぶりがいまいちだったら、それだけ多くの仕事を任せないでしょう。これまでの仕事ぶりが良いからたくさんの仕事を任せるんだと思います。口では褒めていなくても、仕事の任せ方で褒めているんですよ。実際、社長は○○さんの仕事ぶりを私に何度も自慢してますから」

それを聴いたマネージャーは何度も何度も「本当ですか!?」と聞き返し、こう言いました。

「いやぁ、救われた気分です！　今までの自分の仕事に対する評価は低いんだと思い込んでましたから。やる気が湧いてきました。ありがとうございます！」

私は彼のリアクションの大きさに少々驚きました。よほど嬉しかったのでしょう。そして、それだけ自信を失っていたのでしょう。

私はこれまでの彼の仕事ぶりに対して、客観的な事実を基に本人の意味付けを変えたことで、彼の感情は大きく動き、仕事に対する意欲も大きく変わりました。

何かが原因で気力が湧かなかったり、自信が持てなかったりして、相手を動機付けることが難しい場合があります。その場合、その妨げとなっていることに対する意味付けを変えることで、相手を動機付けたい方向にすっと導けることがあります。

相手を動機付けることを難しくしている要因を探り当て、意味付けを変える。このような対話をすることも、人を動かし導くうえでは大切なことになります。

▽心の性質33：相手を動機付けることを難しくしている要因を探り当て、意味付けを変えることで、相手を動機付けたい方向に導くことができる。

第４節　感情移入をもたらすストーリーの力

❶なぜストーリーを聞くと感情が揺さぶられるのか

先にお話しした通り、人間の脳内にはミラーニューロンという神経細胞が存在します。このミラーニューロンの作用によって他者の話を聴く中で共感したり、ストーリーの中の登場人物に自らを投影し、感情移入したりします。

人は何らかの経験について話す時、一つのストーリーとして話します。このストーリーを聴くことによって聴き手は相手の経験を自らの経験のように共有することができます。これまでにテレビや映画を観たり、人の話を聴いたりすることで、感動したり、ハラハラドキドキしたり、怒ったり、悲しんだりと様々な感情を味わった経験があるでしょう。

話し手が視覚、聴覚、嗅覚、味覚、触覚の五感に関する描写をすると、聞き手はその五感に関してイメージの中で疑似体験することができます。

例えば、グアムに海水浴に行った話をする場合、エメラルドグリーンのきらきら光る青い海、「ザザーン」という波の音、海独特の潮の香り、そこで食べたストロベリーのかき氷の味、足の裏に細かい砂がつく感触と照りつける太陽の温かさ。このように五感を刺激する描写をすることにより、聴き手の脳は五感のそれぞれを司る部位が活性化します。そして、あたかもその話の中に自分がいるかのように引き込まれ、感情移入していきます。

スポーツ中継の番組ではよく選手のドキュメンタリーを流します。ボクシングの試合では試合前に選手の試合に臨むまでのストーリーを紹介します。例えばこんなふうに。

選手Xは真面目で誠実な男、不器用ながらもコツコツと練習を重ねてきた。負けても負けても必死の思いで這い上がってきた。ボクシング一筋の人生で、日中はボクシングの練習に打ち込み、早朝の新聞配達と夜の清掃員のアルバイトで、何とか食いつないできた。睡眠時間は、3、4時間程度の毎日。親にもたくさん心配をかけてきた。

しかし、今日この試合に勝てば、一流のボクシング選手としての将来が開ける。そうしたら、ずいぶん心配をかけてきた両親に親孝行しよう。そして、自分を一生懸命に支えてきてくれた彼女にプロポーズしよう。

年齢はもう31歳。そろそろ肉体的にも経済的にも限界がきている。この試合に負けたらボクシングをやめて、別の人生を歩もう。会場には両親も、彼女も応援に来ている。

絶対に負けられない。

一方、対戦者の選手Ｙ。

天性の素質でデビューから連戦連勝の負け知らず。一気に王者にまで登りつめた。過激なコメントでテレビを賑わせた華やかな時代から一転。練習中に大怪我をし、満足に歩くこともできなくなり、一度は選手生命を絶たれた。妻と5歳の子供を抱え、絶望の淵を彷徨《さまよ》い、自暴自棄に陥り、酒浸りの日々を送る。そんなある日、子供から一通の手紙を受け取る。

「パパ、チャンピオンベルトをもういちどとってください」

その手紙にはチャンピオンベルトを巻いている自分の絵がクレヨンで描かれてあった。涙が止まらなかった。そして、ゼロからの再出発を誓う。

子供にもう一度チャンピオンベルトを巻いた自分の姿を見せたい。その一心で怪我を克服するため、地獄のリハビリに耐えてきた。なりふり構わず、がむしゃらに、そんな必死の思いで何とか今日のこの試合に臨むことができた。会場には妻と子供がチャンピオンベルトを巻いた自分の姿を見るために来ている。

絶対に負けられない。

そして、試合開始のゴングが鳴る。

こういったストーリーを聞いてから試合を見ると、選手に強く感情移入することができるでしょう。しかし、こういったストーリーを聞くことなく、ただ試合だけを見た場合はどうでしようか。選手に対する感情移入の度合いも応援の熱の入り方も、試合を見ることに対する集中力も、全く違ってくると思います。

このように、ストーリーは人間の感情を大きく動かす力を持っています。そして、相手を動機付け、その動機を強化していく際に、ストーリーは大きな力を発揮します。

▽心の性質34：ストーリーは感情を動かす力を持っている。相手を動機付けし、その動機を強化していく際に、ストーリーは大きな力を発揮する。

❷ストーリーの力を助言や説得に活用する

私は経営コンサルタントとして経営者の話を聴き、助言する仕事をしています。時には苦言を呈さなければならないこともあります。その場合、直接的な言い方をすると、仮にそれが的を得た内容だとしてもなかなか素直に聴き入れにくいものです。

その点、ストーリーを活用することで直接的な言い方ではなく、間接的にメッセージを伝えることができます。また、ストーリーの感情を動かす力は有効な説得のツールにもなります。

海外の映画を観ていると助言や説得の際にストーリーの力を活用するシーンが頻繁に見受けられます。

例えば、登場人物の1人が誰かを説得しようとする時、「なあ、ロバート。こんな話を知っているか」といった具合にストーリーを語り始め、そのストーリーを聴いた相手はそのストーリーに心を動かされ、そしてその説得に応じる、そんな展開がよくあります。

以前、70代のベテラン社長から、後継者が育たないというご相談を受けました。

「部下がいつまで経っても育たないから全部自分が指示しなければいけない。自分ももう歳だから体力的にもきついのに、部下がこの調子だからいつまで経っても引退できないんですよ」

お話を伺っていると、部下に対する当たりは強く、怒ってばかりで部下を褒めることはせず、「とにかく俺の言う通りにしろ」と、こと細かに部下の仕事に口を出していることが分かってきました。

「指示待ち人間ばかりですよ。こっちが言わないと何にも動こうとしない。こんな人間に現場を任せられますか？」

おそらく部下の方は怒られてばかりで自分の仕事ぶりに自信が持てず、また、勝手なことをして怒られるのが怖いので自分の頭で考えて動こうとはしないのでしょう。その結果、社長に言われたことだけを粛々とこなすという働き方になります。

指示待ち人間を作ってしまっているのは社長ご自身なのかもしれない。ただ、そんなことをずいぶん年下の私が直接お伝えすると逆鱗に触れかねない。そこで私はストーリーの力を活用すべく、松下幸之助氏の話をしました。


「社長、松下幸之助さんはお好きですか」

「ええ、幸之助さんの本は何冊か買って読んだことがありますよ」

「その幸之助さんがあそこまで会社を大きくできたのは、人を育てるのが上手かったからと言われていますよね」

「そう。あの人は人を育てるのがうまかった」

「そうですね。幸之助さんは『自分が人を育てるのがうまかったのは、自分は部下が偉く見えたから』と話されているのをご存じですか」

「いや、それはどういうことですか」

「幸之助さんは学歴がなかったので、学歴がある部下が偉く見えたというんですね。部下が偉く見えたもんだから、部下の話を真剣に聞くし、部下に意見を求める。で、どんな意見でも『なるほど、君の言うことはもっともや』と一旦認めてから、直す必要があるところは直させるという話し方をされていたそうです。


部下の意見の中に少しでも良いところがあれば、見逃さずに褒めたそうです。褒められた部下はやる気になる。やる気になるとまた部下は新たな意見を自分で考えて持ってくる。意見を持ってくると、『君の言うことはもっともや！』と褒めて、足りない部分は補足してから、その部下を信じてやらせてみる。

一旦、任せたら部下を信じて任せ切る。口を出したくなっても、だめな部分が見えても、失敗しても、ぎりぎりまで部下を信じて、我慢してやらせてみる。そういう態度で信じてもらえた部下は何とか期待に応えようと必死で頑張る。そんなことをしていたら、いつの間にか人が育ち、そして会社が大きくなっていったそうです」

こんな話を社長にしました。決してその社長のやり方を否定するような言い方はせずに。すると、その社長は腕組みをされ、考え込んだ様子で、ぼそっとこうおっしゃいました。

「私は幸之助さんと真逆のことをやっていたんですな」

以後、その社長はあまり口うるさく言わず、部下を信じてぎりぎりまで任せて、褒めるところを見付けて褒めるということを心掛けるようにされました。

こういった助言を私はストーリーという形で間接的にお伝えしました。ストーリーは相手の感情を動かす力があります。その影響もあって、その社長はすんなり私の伝えたかったメッセージを受け入れてくださいました。

また、この事例は能力的信頼の観点からも重要な事例です。説得したい相手にとって、この人の言うことであればすんなり受け入れてくれるだろうという人は誰かを考えた時、自分が「その人」としては適切ではないと感じた場合は、自分の意見として伝えるべきではありません。それよりも、相手が認める人の言葉として伝えた方がよりすんなりと受け入れてもらえます。

この事例の場合、同じ内容の助言であっても、この社長よりもずいぶん年下である私の意見としてお伝えするより、この社長もその実績と能力を認める松下幸之助氏が実際にやられていたこととしてお伝えした方が、社長も受け入れやすいでしょう。

同じことを言うにしても、「誰が言うか」によって、その言葉の力は大きく変わります。言葉に最大限の力を持たせるためには、誰の言葉として伝えるべきか。こういった点も、臨機応変に考えて対話を進めることが大切になります。

▼心の性質35：助言や説得の際にストーリーの力を活用することで、間接的にメッセージを伝え、相手の心を動かすことができる。

❸ストーリーの力を営業、マーケティングに活用する

ストーリーの力は人間が感じる価値にも大きな影響を与えます。

例えば、目の前に一つの古ぼけた茶碗があるとします。「これ、いくらで買いますか？」と言われれば、「せいぜい１００円くらいでしょ」と答えるかもしれません。では、この一言が付け加わるとどうでしょう。

「実はこの茶碗、織田信長が愛用していたんです」

きちんとした鑑定書もあり、それが事実だとしたらいくらの値段をつけるでしょうか。１００万円、３００万円、５００万円……。いろいろな値段がつくでしょう。

古ぼけた茶碗であることに変わりはありません。しかし、「信長が愛用していた」という一言が加わるだけで、その値段は１万倍にも３万倍にも５万倍にもなる可能性が出てきます。

なぜこれほどまでに値段の違いが生じるのか。

それは、数百年前の時代に、織田信長が頻繁にこの茶碗に触れ、口を付け、お茶を飲んでいたというストーリーをイメージし、そのストーリーに価値を感じているからです。

商品についても、ストーリーを語った場合と語らない場合とでは、お客様が商品に感じる価値は大きく違います。

住宅メーカーの営業をやられている方がこんな話をしてくれました。

あるお客様を担当した際に、奥様からこんな話を聴きました。

「小学生の息子はぜんそく持ちで体が弱いので、野球部に入りたくても入れなくて、いつも練習風景を校庭の隅っこから眺めているんです。そんな姿を見ているとあの子がかわいそうで」

その住宅メーカーの住宅の特徴は空気清浄の機能に長けていることでしたので、息子さんのためにもと、住宅を購入していただきました。それから、2年程してその奥様とお会いする機会があり、その際にこんな言葉をいただきました。

「○○さんの会社に建てていただいた家に住むようになってから、うちの子のぜんそくが治ったんです。今では野球部に入って校庭を走り回っています。校庭の隅っこで練習風景を眺めていたあの子が、みんなと一緒になって野球をしている姿を見ていたら涙がこぼれてきて。本当にありがとうございました」

そう言っていただいた時に、「この仕事をやってて良かったなぁ」と思わず涙ぐんでしまったそうです。

こういったエピソードを聴く前と聴いた後では、その住宅に対して感じる価値は大きく変わるのではないでしょうか。

ある不動産事業を営む会社では、見た目も普通で立地もさほど良くはない築30年ほどのマンションをほぼ満室の状態にしています。特に家賃を大きく下げているわけでもありません。

では、どうやってそのような状態にしているのか。それはそのマンションの管理人のおばさんについて、過去にあったストーリーを営業の人に語っていただくようにしたからです。


過去にそのマンションで一人暮らしをしていた女子大生がきつい食あたりになり、悶え苦しみながら管理人のおばさんに電話しました。管理人のおばさんは電話を受けるや否や、その部屋に飛んでいき、女子大生をタクシーに乗せ、病院に連れて行きました。病院の診察に付き添い、診察後、マンションの部屋に連れ戻り、薬を飲ませて看病しました。そして、実家の親御さんにも連絡をとり、状況を説明しました。

それから数日後、女子大生はすっかり元気になり、親御さんと一緒に改めて管理人のおばさんにお礼を言いに行きました。

大学を卒業し、このマンションを出る時は、お互い別れを惜しんだそうです。


この不動産の会社の営業担当はこのストーリーの後にこう話します。

「うちのマンションの管理人さんは、お子さんの母親代わりになって万が一の時に駆け付けます。うちはただ部屋を貸すだけが仕事じゃないんです。親御さんに安心していただくことも、うちの仕事なんです」

一人暮らしを始める大学生の親御さんを対象に、このストーリーを話す営業をするようにしてから、契約が取れるようになったとのことです。

これまでいろいろなお客様と関わってくる中で、お客様が感動してくれた、お客様が心から喜んでくれた、そういったお客様の姿を見て「この仕事をやっていてよかった！」と思った、思わず涙ぐんでしまった、そんなエピソードはないでしょうか。

私は企業研修やセミナーの中でこういった経験を振り返っていただき、5分で話せるようにまとめていただきますが、これが話せるようになることで、お客様が商品に感じる価値を高めることができるようになります。

このようにストーリーは人の感情を動かす力を持っています。

相手を動かし導こうとする場合、その方向に相手を動機付け、その動機を強化していくうえで、ストーリーが持つ力は大いに活用することができます。

▽心の性質36：ストーリーが存在するものに価値を感じる。

第5節　「今」の感情に影響を与える未来の力

❶生死を分けた未来を信じる力

第二次世界大戦中、オーストリアの精神医学者ヴィクトール・フランクルはユダヤ人であったことから、ナチス・ドイツによって強制収容所に送られ、凄惨な収容所生活を経験します。筆舌に尽くしがたいほどの過酷な労働を強いられ、働けなくなった者は毒ガス室行きとなる。被収容者の病死、餓死、自殺、監視員による撲殺などが毎日のように起こり、自らの感情はもはや消滅しているため、そういった光景を見ても何も感じない。身体は骨の上に一枚の皮が覆っているだけの屍と変わらない状態。

そんな収容所生活から彼は生還し、その惨状と被収容者に対する心理的考察を精神医学者の視点から著書『夜と霧』に記しました。

凄惨な収容所生活を耐え抜き生還できた人間と生還できなかった人間。その両者を分けたもの、それは「未来を信じる力」だった。彼は著書でそう書いています。

収容所の過酷な状況を生き抜くためには、未来を信じることが必要であり、未来を信じられなくなった人々は精神的な拠りどころを失い、身体的にも精神的にも破綻していきます。そして、未来を信じることができた人間のごく一部が、凄惨な収容所生活を耐え抜いて生還します。彼らは未来の何かに関わる精神的な拠りどころを持っていました。

ヴィクトール・フランクルはこういった体験から、人間が生きていく上で未来を信じ、未来のイメージをポジティブに保つことがいかに大切かを著書の中で繰り返し説いています。

このように、人の感情や行動、生きるエネルギーは未来のイメージに大きく影響を受けます。明日が楽しいと思えば、今日が楽しくなる。明日がつらいと思えば、今日がつらくなる。人は未来に絶望した時、精神が破綻する、あるいは自ら命を絶つことすらあります。しかし、未来に希望を見出すことができた時、人は過酷な状況をも耐え抜く、大きなエネルギーを得ることができます。

人は未来のイメージによって「今」の感情や生き方が全く異なります。その未来は10分後の未来かもしれないし、数年後の未来かもしれません。

▽心の性質37：「未来」に対するイメージの抱き方によって、「今」の感情や生き方が大きく異なる。

❷なぜリーダーはビジョンや目標を掲げる必要があるのか

今の感情は未来のイメージに大きく影響を受ける。

この性質に鑑みると、今の感情を動かし、動機付けを行う方法として、未来のイメージを動かす方法があります。相手を動かし導きたいのであれば、相手の未来のイメージを動かす。端的に言えば、暗い未来のイメージを払拭し、ワクワクするような未来のイメージを提示するということです。

「ワクワク」はやや稚拙な表現に見えるかもしれませんが、これは未来に楽しみや喜びを見出している心の状態であり、人間のエネルギーの源でもあります。ワクワクすることでエネルギーが生まれ、ワクワクが実現するように今を生きようとします。現状は同じでも、ワクワクしているかどうかで今を生きるエネルギーは大きく異なります。そのため、この力は相手を動機付けるうえでも大きな効果を発揮します。

人は自分をワクワクさせてくれる人のところに集まり、ワクワクすることをしている組織に属しようとします。人をワクワクさせること。これはリーダーに求められる重要な役割です。

また、類似性の法則という心理学の言葉があります。これは共通点、類似点が多い人に親近感や好感を覚えるという心の傾向です。初対面の相手でも、出身が同じだったり、年齢が同じだったり、共通の知り合いがいたりすると、親近感を覚え、ぐっと距離が縮まることでしょう。そのため、人は相手との共通点や類似点を見出し、お互いに確認し合おうとします。

この法則は共通のビジョンや目標を持った場合にも当てはまります。同じ目標を共有し、その目標の達成に向けて苦楽を共にすることで、相手と仲間意識が芽生えます。スポーツで同じチームメイトとして勝利という目標を共有し、試合をすると急に仲が深まったりします。発表会やイベントに向けて一緒に練習したり、準備を進めたりすると、相手との距離は縮まっていきます。

チームや組織であれば、ワクワクするビジョンや目標をメンバー全員が共有し、その実現に向けて、苦楽を共にすることで、チームや組織の一体感が生まれます。そして、そのビジョンや目標が実現するとその一体感はより強まるでしょう。一旦、ビジョンや目標が実現すると、ドーパミンの強化学習によって、より高いビジョンや目標を掲げ、それを実現しようとする動機が生まれます。この循環に入ると、そのチームや組織は自ずと成長していきます。

このように、ビジョンや目標を掲げることは、メンバーのワクワクを喚起し、その達成に向けての動機を強くするとともに、ビジョンや目標を共有することで類似性の法則が働き、メンバー間の距離を縮め、チームや組織の一体感を生み出す効果があります。

何のために組織やチームを運営しているのか。売上と利益を獲得し、どこに向かおうとしているのか。その先に待っている未来はチームのメンバーにとってワクワクするものなのか。そういったことに意識を向けることなく、日々の業務に追われ、ただ月日が過ぎていく。

「本当はそうじゃいけないんですよね。もっときちんとビジョンや目標について考えるべきなんでしょうけどね。ただ、なかなか時間がとれなくて」

いろいろなリーダーのご相談を受ける中で、こういった声はよく聞きます。確かに日々の業務が忙しくて時間をとるのが難しいかもしれません。しかし、組織の一体感を創り、組織の成長を促すならば、自分の仕事の一部を他の人に任せてでも時間を確保し、ビジョンを語り、組織としての目標を持たせることが望まれます。

業務が忙しくても明るい未来を見出すことができれば、さらなるモチベーションとエネルギーが湧いてきます。しかし、そういった未来を見出すこともないまま、ただ日々の業務に追われるだけだと、人は疲弊します。そのため、こういったビジョンや目標を掲げられるかどうかは、チームや組織のエネルギーを大きく左右します。

偉大なリーダーたちは多くの人がワクワクするビジョンや目標を掲げてきました。そのビジョンや目標に人々は惹かれ、リーダーの下に集まり、そのビジョンや目標を実現するための大きなエネルギーが生まれた結果、偉業を成し遂げるに至っています。

今、リーダーとして、明るい未来のイメージをメンバーに見せることができているでしょうか。そして、実際にメンバーをワクワクさせることができているでしょうか。

もし、それができていないのであれば、今のチームや組織はそういった未来のイメージを掲げることによって大きく変貌する可能性を秘めています。そして、自らもリーダーとして、より大きな力を発揮できるようになる可能性を秘めていると言えます。

> ▽心の性質38：ワクワクする未来のイメージによって人は大きなエネルギーを得ることができ、そのエネルギーを得るために人はワクワクする未来を掲げる人の下に集まる。

❸部下は上司に未来の自分を投影する

上司と部下の関係において、部下に明るい未来のイメージを見せることは部下を動機付けるうえで大切な方法ですが、いくら口頭で伝えても部下がそのイメージを持てない場合があります。それはそれを伝える上司自身の働き方や在り方に魅力を感じない場合です。

部下は上司を見ています。

仕事ぶりや仕事に対する姿勢に始まり、今の仕事にやりがいを感じているのか、この会社に明るい未来を見出せているのか、幸せな人生を送っているのかなど。

上司自身がその仕事にやりがいを感じていなかったり、この会社に明るい未来を見出せていなかったり、決して幸せとは言えない人生を送っていたりすると、部下はその会社にいることに対して明るい未来を見出すことは難しくなります。

部下は上司に数年後の自分を投影します。

数年後、自分はあんなふうにこの会社で過ごすことになるのかもしれない。無意識のうちにそんなイメージを抱きます。

２０００万円近くの年収をもらっていた証券業界の会社を辞め、転職した知り合いがいます。体育会系で体力にも自信があり、そつなく仕事をこなす人で、人望もあり、弱音を吐くようなタイプではありませんが、転職の理由を聞くと彼はこう答えました。

「確かに激務だった。ただ、激務には耐えられた。仕事もそれなりにやりがいを感じていたし。

ただ、ほとんどの上司は会社や社長に対する不満を口にし、居酒屋ではそういった愚痴をさんざん聞かされた。ここにいたらいつか自分もそんな人間になるかもしれない。そう思ったから辞めた」

一方、金融系企業で働く営業の方は、かなりのハードワークを強いられていますが、活き活きと仕事を楽しんでいます。その要因はいくつかあるとのことですが、一番の要因は憧れの上司がいるということでした。その上司は全国でも指折りの営業マンとして活躍しており、部下からの人望も厚い。飾らず自然体の生き方に大きな魅力を感じていると話されます。彼はその上司に将来の自分を投影し、そのイメージが彼のモチベーションになっていました。

いずれの例も上司に未来の自分を投影し、自分もここで働いているといつかそういった人間になっていくのではないかということを感じ、その結果、モチベーションが上がったり、下がったりしています。こういった例はご自身の身の回りにもあるのではないでしょうか。

先に感情は伝染するとお話ししましたが、ワクワクやそこから生み出されるエネルギーも周囲の人に伝染します。リーダーの立場にあるのであれば、あなた自身がワクワクし、高いエネルギーでいるかどうかは、あなたの部下のエネルギー、そして組織のエネルギーに大きな影響を与えるでしょう。

今、あなたはワクワクしているでしょうか。

明日、１週間後、１カ月後、１年後、10年後、何かワクワクすることがあるでしょうか。

この提案書ならきっとお客様に喜んでいただけるだろう、週末に気の合う友人と飲みに行く、ゴルフのスコアがそろそろ１００を切れそうだ、こういった日々のワクワクから、今までにない画期的な商品を開発する、この事業を１００億円の規模にする、といったスケールの大きいワクワクまで、様々なワクワクを見付ける力を磨き、質も量も増やしていく。そうすることで、あなたのエネルギーは徐々に高まり、相手にも組織にもそのエネルギーは伝わっていきます。

部下に明るい未来を見せるうえで、そこに説得力を持たせるためには、上司自身が今の仕事に活き活きと取り組み、日々をワクワクしながら過ごすことが必要だと言えるでしょう。

▽心の性質39：属する組織の目上の人間に未来の自分を投影する。

❹お客様は未来のイメージを買っている

セールスやマーケティングにおいても、未来の力は大きく影響します。

お客様が商品を買う場合、直感的・衝動的に買う場合もあれば、よく検討してから買う場合もあります。前者の場合、「今」感じているものが購入の決め手になりますが、後者の場合、未来のイメージが購入の決め手になります。

人は商品を買うかどうかを検討する際、多くの場合、その商品を買った後の未来をイメージします。そして、イメージしたその未来が快をもたらす、あるいは不快を回避させる可能性が高いと感じれば、その商品に関心を持ち、そして価値を感じるようになります。

例えば、マイホームの購入を検討するのであれば、その家に住んでいる自分や家族のことをイメージするでしょう。そのイメージの中で快を味わうことができれば、その快をもたらしてくれる家に価値を感じ、関心を持ち始めるでしょう。

また、保険に入ろうかどうかを検討するのであれば、将来、病気や事故で入院し、高額な医療費を請求された時に、とても払えないと困り果てた場合をイメージし、そこに強い不快感を覚えたならば、その不快感を回避するための保険に価値を感じ、関心を持ち始めるでしょう。

つまり、お客様に商品を買っていただくためには、お客様に「快が得られる」もしくは「不快が回避できる」という未来をイメージしていただくことが重要になります。

いくら熱心に営業トークを展開しても、お客様がその商品を買うことによって「快が得られる」もしくは「不快が回避できる」という未来をイメージできなければ、その商品に価値を感じることは難しいでしょう。その結果、買っていただける可能性も低くなります。

そのため、具体的にそういった未来をイメージしていただけるように、商品の説明に対しても工夫を重ねる必要があります。

ある美容関連のサービスを提供している会社から、売上が伸び悩んでいるとのご相談を受けました。現状を把握するため、店舗を訪れたお客様に対してどのようなサービスの説明をされているのかロールプレイングしていただきました。

お客様に名刺を渡し、アイスブレイクの雑談をした後、パンフレットを広げ、サービスの説明をしていく。どういったサービスなのかに関する専門的な技術の説明、他社のサービスと比較してどういう点が優れているのか、金額はいくらになるのか。その説明は論理的で分かりやすく、流暢な話しぶりでした。

しかし、私はこれではお客様はいまいち関心を示さないだろうと感じました。なぜなら、この説明ではサービスを受けた際の快が得られる状況を具体的にイメージできなかったからです。そこで、サービスを受けた際の快のイメージを明確に持っていただくために、次のような手順で説明をしていただきました。

① このサービスを利用することでどういう未来を手に入れたいのか、そのイメージを伺う。

② ①のイメージの実現のために、具体的にどのようなスケジュールで進めていくのが良いのか、スケジュールについて明確にしていく。

③ ①のイメージを実現させるために、自社のサービスがなぜ効果的なのかについて専門的な技術の説明を行う。

④ 他社のサービスと比べてどういう点が優れているのか、金額はいくらか等の説明を行う。

はじめに手に入れたい未来のイメージを伺うことによって、お客様に未来の快のイメージを明確に持っていただき、そのうえでその未来が実現するまでのスケジュールや自社のサービスが具体的にどのように効果を発揮するのかをご説明する。

そういった流れでご説明することにより、このサービスに関心を持ってもらえる確率も高くなり、未来のイメージを共有することで、お客様から親近感を感じていただきやすくなります。

このようなご説明をしていただくことで、受注率も少しずつ上がっていきました。

これも未来の力を活用した例です。

生活用品を売るのであれば、その生活用品が日常生活の中でどれだけの快適さをもたらしてくれるのか、あるいはこれまで悩まされてきた不快・不満から解放してくれるのか、その未来のストーリーを語り、その上で機能の詳細な説明を行う。

サービスを売るのであれば、サービスを利用することによってどのような快が得られるのか、どのような不快・不満から解放されるのか、それらが実現した未来は具体的にどのようなものなのか、その未来のストーリーを語り、サービスの詳細についての説明を行う。

セールスやマーケティングにおいても、このように未来の力を活用することで、お客様が感じる価値は大きく違ってきます。

▽心の性質40：買った後の未来を具体的にイメージできないものには価値を感じにくい。

この章では「何を話すか」について感情を動かす情緒的対話についてお話ししてきました。

冒頭でお話ししたように、情緒的対話もその根底には相手との信頼が存在することが前提となります。また、情動伝染によって人の感情は伝染します。口ではうまく言ったとしても、心に誠意がなければ、その感情は無意識のうちに相手に伝わりやすいものです。

そのため、情緒的対話の大前提として、「誠意を持って対話に臨む」ということをこの章の最後にお伝えしておきたいと思います。

第6章

MANAGEMENT PSYCHOLOGY FOR A LEADER

論理的対話：
偉大なる理由の力

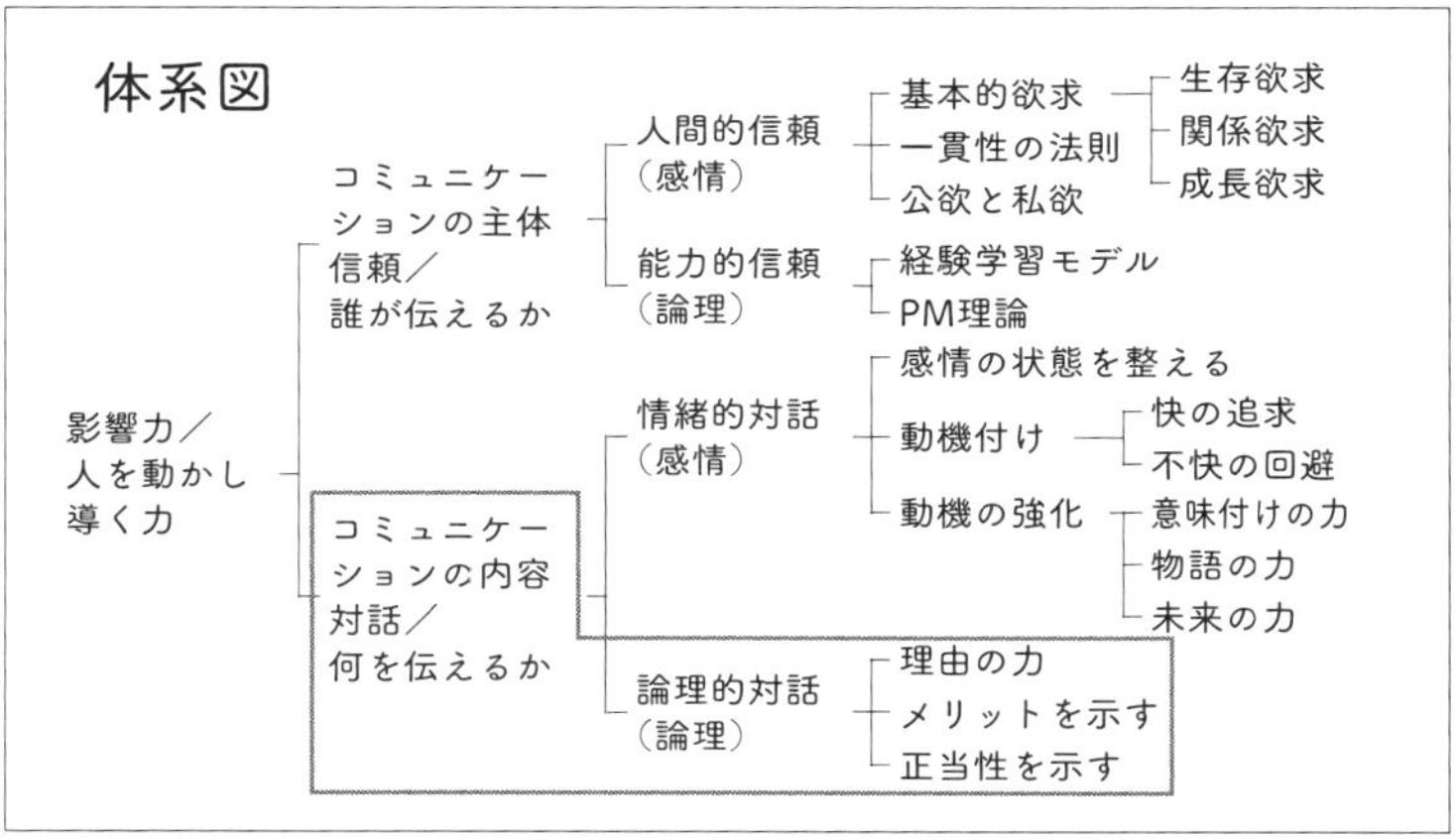

第1節　理由の力を使いこなせているか

❶人間の脳は「理由」も大好物

人間的信頼、能力的信頼、情緒的対話に加えて、人を動かし導くためにはもう一つ重要な要素があります。それは、論理の脳からOKを引き出すための対話です。

本章ではその論理の脳からOKを引き出すための論理的対話についてお話しします。

そもそも論理とは何でしょうか。

いろいろな答えがあるかと思いますが、端的に言うと、物事の筋道のことであり、「論理的」と言うと筋道を立てて物事を説明したり考えたりすることを言います。

論理的である、筋道が通っていると感じるパターンとして、「AだからB、そしてBであるならばCだ」といったように、理由を明確にしてから結論を把握するというパターンがあります。人間は生じる出来事をこの論理的なパターンに当てはめて考えようとする習性があります。

前章では人間の脳には好物があり、そのうちの一つが「感情」だとお話ししました。ここで、もう一つ好物をご紹介したいと思います。それは「理由」です。

予測しえない出来事が起きると、人は「なんで？」と反射的に心の中で思ったり、口に出してそう呟《つぶや》いたりします。そして、その出来事が起きた理由を手に入れようとします。その出来事が起きた理由を知ったところで、起きた出来事は変わりません。しかし、その理由次第で、起きた出来事に対する意味付けが大きく変わり、その意味付けに伴った感情が生じます。

例えば、部下と13時に待ち合わせをし、時間通りに待ち合わせ場所に行ったが、部下は来ていない。13時10分になっても来ないので携帯に連絡したがつながらない。その後、何回か連絡したもののつながらず、13時30分になってやっと来た。その間、何の連絡もない。「30分も待たせておいて何の連絡もないとは」とイライラをつのらせるあなたは、こう聞きたくなるのではないでしょうか。

「どうしたの？　なんで遅れたの？」

そこで部下が、「地下鉄が止まって車内に30分閉じ込められていました。地下だったので携帯の電波が入らなくて連絡できませんでした」と遅れた理由を話した場合、「それは仕方ないな」という納得感が生じ、イライラという怒りの感情もおさまるのではないでしょうか。

では、遅れた理由が「寝坊した」という理由だったらどうでしょうか。おそらくイライラはさらに大きくなり、「じゃ、なんで連絡しなかったの?」と更に理由を聞こうとするでしょう。

理由がどうであれ、30分遅れたという事実は変わりません。

しかし、その理由によって遅刻という出来事に対する意味付けは大きく変わり、それに伴って生じる感情も大きく変わります。この例で言うと、前者は怒りがおさまり、後者は怒りが膨れ上がることになります。こういった事例は日常の至る所にあります。

そして、人は相手を怒らせないための理由として「言い訳」を考えます。

このように人は起きた出来事に対して、「なぜこういうことが起きたのか?」という理由を手に入れ、理由と出来事をワンセットで捉えようとします。

奥さんや旦那さんから突然高価なプレゼントをもらったら、「え!? なんで?」と理由を聞きたくなるでしょう。理由も分からないまま、「有り難う!」と受け取ることはないと思います。

自分よりも仕事ができないと思っていた同僚が自分より先に昇進したら、「なんであいつなんだ?」と昇進の理由を知りたくなる。大好きなスポーツ選手が急遽、引退を宣言したら、「え！　何でやめるの?」と引退の理由を知りたくなる。持っている株の株価が急騰したら、「何が起きたんだ?」と急騰の理由を知りたくなる。

そうやって理由と結果をワンセットで捉えることで、その出来事に意味付けしようとし、それに伴った感情を抱きます。このように、人は理由の力に強く影響を受けています。

心理学者エレン・ランガーは理由の力に関する実験を行いました。コピー機の順番待ちの列に並び、次の3パターンの言い方で順番を譲ってもらうよう頼むというものです。

A：要求のみを伝える：「すみません、先にコピーをとらせてもらえませんか?」

B：本物の理由を述べる：「すみません、急いでいるので先にコピーをとらせてもらえませんか?」

C：意味のない理由を述べる：「すみません、コピーをとらなければいけないので先にコピーをとらせてもらえませんか?」

コピーの枚数が5枚の場合、Aの承諾率は60%であるのに対し、Bの承諾率は94%、Cの承諾率は93%でした。コピーの枚数が20枚になると、Aの承諾率は24%であるのに対し、Bの承諾率は42%、Cの承諾率は24%でした。

お願いの内容が些細なものである場合は、たとえそれが意味のない理由であっても理由さえ述べれば承諾率が大きく上がるということが分かり、お願いの内容が重たくなるにつれて、承諾にあたっては正当な理由を求めるようになるということが分かります。

お願いの内容が些細なものであれば意味のない理由であっても、理由さえ述べれば承諾率が上がるという点は、人間の脳が理由に反応し、理由を伴う情報に重要性を感じる心の性質を持っていることを示しています。

この理由の力を活用した話し方が説得推論や例証です。

説得推論とは、「あの地域は最も顧客が多い地域だ。だから、あの地域の担当が営業成績1位になるだろう」というように、Aという理由があって、それをもとに「だからBだ」と論理を展開する方法を言います。

説得推論を展開する際には、その理由に聞き手が納得していることが必要になります。聞き手が納得していない理由を持ち出しても、それは理由としての効力を持たないことから説得推論とはなりません。

例証は説得推論を補足する具体例を示すことをいいます。先ほどの例だと、こんな例証が考えられます。「あの地域は最も顧客が多い地域だ。だから、あの地域の担当が営業成績1位になるだろう。実際、一昨年も昨年も営業成績1位の人間はあの地域の担当者だった」

こういった説得推論や例証を用いて話を展開することで、話を論理的に進めることができ、その結果、相手が納得してくれる確率は大きく上がります。

▽心の性質41：起きた出来事について理由を手に入れようとし、理由を伴う情報に重要性を感じ、理由の内容に感情は大きく影響を受ける。

▽心の性質42：説得推論や例証を用いた話し方をされると納得しやすい。

❷理由の力でモチベーションを上げる

理由はモチベーションにも大きな影響を与えます。

仕事に関して言えば、「なぜこの仕事をするのか」「なぜこのキャリアを歩んでいるのか」「なぜこの経験やスキルを積まなければいけないのか」などについて、明確な理由を持っている場合とそうでない場合とでは仕事に対するモチベーションは大きく変わります。

特に明確な理由もなくとりあえず仕事をやっている人と、明確な理由を持って仕事をする人とでは、数年後の成長の仕方やキャリアにも大きな差が生じるでしょう。

さらには、苦しい時やつらい時の踏ん張りの利き方にも大きな違いが生じます。

私は企業研修や講演をさせていただく際に、「なぜ仕事をするのか」という理由について受講者に考えていただくワークをやることがあります。この理由を明確にすることで仕事に対するモチベーションが上がる方も少なくありません。

ある会社の営業研修で、「なぜあなたは営業という仕事を頑張らなくてはいけないのですか」という問いの理由を答えるワークをした際に、こんな発表をしてくれた方がいました。

「営業の仕事を頑張る理由を考えたら、息子のためにという理由が頭に浮かびました。私の息子は今、小学校に通っていていじめにあっています。学校に行きたくないと言っています。でも、逃げてはだめだと言い聞かせて何とか学校に行かせています。

そんなことを言っている自分ですが、営業成績は正直ぱっとせず、仕事から逃げ出したくなる時があります。息子には逃げてはだめだと言っておきながら、自分はどうなんだと、後ろめたい気持ちになります。なので、営業で結果を出して、自信を持って仕事ができるようになって、息子に堂々と逃げてはだめだと言えるようになりたいと思います。そのために営業の仕事を頑張ろうと思います」

発表してくださったその方は、「息子に堂々と逃げてはだめだと言えるようにならなくてはいけないから」という営業を頑張る理由を明確に持たれました。この理由を持ったことで、この方が営業に対して強いモチベーションを感じていたのは言うまでもありません。


経営者のご相談を受けていると、この理由の力の強さを感じることがあります。

多くの経営者は大小様々な悩みを抱えていて、やっている仕事の幅も広く、時間に忙殺され、大変な日々を過ごしています。そんな状況に精神的にまいっている方もいらっしゃいます。

そういった方にはこんな質問をすることがあります。

「そもそも独立した理由は何でしたか？」

「そんな大変な思いをしてまで経営をする理由は何ですか？」

ほとんどの場合、「えっ⁉」と驚かれ、それから考え込まれます。

そして、大事なことを忘れてましたと言わんばかりに、いろいろな想いを話して下さいます。その想いを聴いていると、こちらの胸も熱くなります。ひとしきり話し終えた後は、精神的にまいっていた状態から、心のギアがＯＮに入った状態に変わっています。

やっていることに明確な理由を見出すと、そのことに対するモチベーションは大きく上がります。そして、その理由は心が折れそうな時にも、軸となって心を支えてくれます。


「なぜ生きるかを知っている者は、どのように生きることにも耐え得る」

これはドイツの哲学者、フリードリヒ・ニーチェの言葉です。理由がいかに人間に大きな力を与えるかを示唆する言葉です。

理由は大きな力を持っています。あなたはこの理由の力を活用できているでしょうか。

今、あなたがその仕事をする理由は何でしょうか。

今、あなたが目指しているもの、それを目指す理由は何でしょうか。

今、あなたが手に入れたいもの、それを手に入れようとする理由は何でしょうか。

何かに挑戦しようとする時は、なぜこれをやり遂げなければならないのか、なぜこのような苦労に耐えなければいけないのか、その理由を明確に持つことで理由の力を活用することができ、モチベーションも達成できる確率も大きく上がるでしょう。

> ▼心の性質43：取り組むことに対して、その理由を明確にすることでモチベーションも達成できる確率も上がる。

❸理由の力が上司と部下の関係を変える

この理由の力は上司と部下の関係を改善する可能性も秘めています。

リーダーは組織やチームのために貢献するよう部下に指示を出し、指導していくことが求められます。一方、部下は自身のキャリアに対する希望を抱き、評価されたい、認められたいという気持ちを抱いています。そのため部下に高いモチベーションを持って組織やチームのために貢献してもらうには、部下の希望や気持ちを満たす対話が必要になります。

こういった対話を考えるうえでも理由の力が効果を発揮します。

例えば、仕事の頼み方でも次の2つを比べてみるといかがでしょうか。

A：「この案件を担当してもらえないか」

B：「君にはこういった経験を積んでもらいたいので、この案件は君に担当してもらいたいんだが、やってくれないか」

Aに比べてBの方が、部下は「上司は自分のキャリアのことも考えてくれているんだ」「自分は期待されているんだ」と感じるでしょう。

このように、仕事を任せるにしても、「なぜ他の人ではなくあなたにこの仕事を任せるのか」という理由を説明することで部下のモチベーションは大きく変わります。そういった対話を重ねることで、部下との信頼関係も厚くなると同時に、部下が素直に言うことを聞いてくれる度合いも上がっていくでしょう。

その他にも次のような理由を説明することで、部下のモチベーションを上げ、納得感や上司に対する信頼を上げることができます。

「なぜあなたをこのポジションに置いたのか」「なぜあなたにこういう能力や経験を身につけてもらいたいのか」「なぜあなたを採用したのか」「なぜあなたにこの目標を課すのか」「なぜこういう方針にしたのか」。

こういった理由を説明することで、部下が上司に対して抱く気持ちは、会社の都合で一方的に仕事を押し付けてきたというネガティブな気持ちから、自分のキャリアや希望も考慮に入れたうえで仕事を任せてくれた、あるいは自分のことを期待して仕事を任せてくれたというポジティブな気持ちに変わります。一つの仕事を任せるにしても、こういった理由を説明できるかどうかで、上司としての信頼や人望は大きく変わります。

部下との関係についてご相談をいただいたクライアントの経営者や管理職の方にこういった対話を意識してもらうようにしたところ、部下の反応や動き方が変わったという報告をしてくださいます。ほんの一言の理由が部下の心を動かす。このことを実践して、部下の反応の変化を見た人は、理由の力を実感されます。

▽心の性質44：キャリアや任せる仕事にまつわる理由を説明することで、部下のモチベーションは上がる。

❹理由の力がさらなる売上をもたらす

お客様に対しても、理由は大きな力を持ちます。

人は理由が伴う情報は、理由を伴わない情報に比べて重要だと感じ、興味を覚えます。そのため、お客様に商品に関する様々な理由の説明をすることで、その商品に対してより強い興味・関心を持っていただけることがあります。例えば、次のような理由を説明します。

「なぜこの商品が誕生したのか」「なぜこの商品が多くの人から必要とされているのか」「なぜこの機能、効果、デザインなのか」「なぜこの色、この大きさ、この素材にこだわるのか」「なぜこの値段なのか」「なぜあなたにお勧めするのか」「なぜ今お勧めするのか」。

また、お客様は買い物に対して大きなリスクを抱えています。そのリスクとは、「買った後に後悔する」というリスクです。そのため、お客様の心の中では「買いたい」という衝動が高まった際に、「本当に買っていいのか？」という不安も合わせて湧き起こります。

そして、このリスクを回避するために、様々な角度から買うことに対する検証を行おうとします。その検証は例えば次のような問いに対する理由を見出すという形で行われます。

「なぜ他の商品ではなくこの商品なのか」「なぜ他社ではなくこの会社から買うのか」「なぜ今買わなければならないのか」。

そういった「なぜ？」に対する理由が明確になれば、お客様は自分を説得することができ、財布の紐は緩みます。そのため、先のような問いに対して、お客様に滞りなくその理由を説明できるようにしておくことも大切なことです。

このように、お客様が商品を買うことに対して必要とする理由を提供することで、購入していただける可能性は上がります。コンサルティングや営業研修などでお客様が抱くと想定される様々な問いに対して、その理由を書き出していただくことがありますが、書き出すことで頭の中が整理され、お客様との商談の際にそういったコミュニケーションが滞りなくできるようにもなります。これも効果の高い方法です。

このように、理由の力はさらなる売上をもたらすという力も秘めています。

▽心の性質45：商品にまつわる理由を説明されると商品に対して興味が湧きやすくなる。

第2節　理由が力を持つ条件

❶相手にとってメリットがあるか

このように理由は対話において大きな力を発揮します。ただ、説得推論の説明の際にお話ししたように、理由が力を発揮するためには、その理由に対して相手が納得していることが必要です。相手の納得しない理由を提示しても、その理由は効果を発揮しません。提示された理由に対して相手が納得するための要素として、①相手にとってメリットがある、②正当性があるということが挙げられます。

人は何かの提案や指示、依頼をされると、それに応じるかどうかを判断しようとします。その際に、それに応じることでどのような苦痛やストレスが生じるのか、そしてどのようなメリットがあるのかを論理の脳は分析し、検討します。そして、苦痛やストレスよりもメリットの

メリットの種類	内容
経済的メリット	お金が増える、お金が節約できる。
物質的メリット	物がもらえる、物を渡さなくて済む、何かを使える。
業務的メリット	仕事やお客様を紹介してもらえる、宣伝してもらえる、業務の発展につながる情報をもらえる。
役務提供メリット	作業や仕事をしてもらえる、サービスを受けられる。
社会的メリット	地位や肩書きがもらえる、周囲に対するイメージが良くなる、他者に対して影響力を持つことができる。
情緒的メリット	嬉しい、楽しい思いができる、不満・不安が消える。
自己成長的メリット	何らかの学びや気付きが得られる、必要とする能力や経験が得られる、将来の可能性を見出せる。
時間的メリット	自由な時間が増える、時間が節約できる。
人間関係的メリット	良好な人間関係が得られる、人を紹介してもらえる、特定の人に口利きをしてくれる。
社会貢献的メリット	世の中の役に立てる、応援したい人の役に立てる。

方が大きければ、その提案や指示、依頼に応じるでしょう。ここでいうメリットには上記のように様々な種類があります。

上記の他にも様々なタイプのメリットが存在します。どのメリットに高い価値を感じるか、それは価値観や考え方、そして置かれている状況によって異なります。

ビジネスにおけるメリットを考える場合、どうしても経済的メリットを中心に考えがちです。ただ、メリットを経済的メリットからしか捉えられないと、話し合いにおいて価格や賃金の金額のみが論点となり、双方が満足できる金額が決まらなければ、そこで合意は得られなくなります。そういった場合でも、メリットに対する発想の幅が広ければ新たな展開を模索することができます。

話し合いの場において大切なのは、自分が提供できるメリットの種類をなるべく多く見付け、その中で相手が大きな価値を感じていることは何かを見極めることです。

相手にとって大きな価値があるが、自分にとってはさほど価値はないもの、これを相手に与える。自分にとっては大きな価値があるが、相手にとってはさほど価値はないもの、これを相手から得る。こういった結末を迎えられることが話し合いの理想的な展開です。

自分が提供できるメリットの種類は、発想の枠を取り払ってじっくり考えてみれば、想像以上に出てくると思います。提供できるメリットの種類の多さに気付くことは、自分の新たな可能性に気付くことでもあります。

あなたは自分が提供できるメリットの種類に制限を設けてしまってはいないでしょうか。

作業を手伝う、情報を提供する、フィードバックをする、話を聴いて不安を和らげる、共感する、仕事を紹介する、人を紹介する、宣伝する、世の中の役に立てる機会を提供する、成長を支援する、気付きを与える、その他にもまだまだあります。

メリットを提供するということを考える際には、提供するメリットと得られるメリットに関して、50：50の関係を相手に求めようとするかもしれません。この点に関して、私の指針となっている言葉があります。それは、大先輩となる社長からいただいた言葉です。

「藤田さん、何か取引をする時は、自分のメリットが49、相手のメリットが51になるように調整するとちょうどいい。こういう取引を続けていけると、いろいろなことが自然とうまくいくものだよ」

お互いに相手が望むメリットを提供し合い、満足する関係をつくっていく。こういったＷＩＮ－ＷＩＮの関係を築こうとする対話は、人を動かし導くための大きな力を持ちます。さらに言えば、少し相手の方が有利になるように配慮することで、その力はより大きなものとなるでしょう。

▽心の性質46：相手にどのようなメリットがあるのかを明確にし、ＷＩＮ－ＷＩＮの関係を築こうとする対話は、説得力を持つ。

❷正当性があるか

正当性を示すということも提示された理由に対して相手が納得するための要素です。正当性とは法律や規則等、それから社会秩序や社会通念に照らして正しいことを意味します。

法律や規則等に照らして正しいことは、それがこの国や地域で生きていくためのルールである以上、それに基づいて提案、指示、依頼等をされた場合、かなり強い影響力を受けます。

また、社会秩序に照らして正しいことを示すことも相手に対して影響力を持ちます。社会や組織の秩序を守るうえでは立場というものが大きく影響し、例えば、目上の人の言うことは聞くものだという意識が働いたりします。そのため、上司の部下に対する指示、親が子供に対して言うこと、教師の生徒に対する指導などは、そういった影響力を持ちます。

社会通念に照らして正しいこと、これも正当性を感じさせるものです。

社会通念とは社会の中で暗黙の了解だとされていることです。世の中には数えきれないほどの暗黙の了解があります。そういった暗黙の了解の中でも特に正当性を感じることとして、「皆のためになる」ということが挙げられます。

「この案を採用すれば私にとってこんないいことがある。だから、この案を採用すべきだ」

こう言われて、相手の発言に正当性を感じるでしょうか。

「なんであなたがいい思いをするためにその案を採用しなければいけないんだ」と反発したくなるでしょう。では、こう言われるとどうでしょうか。

「この案を採用すれば皆にとってこんないいことがある。だから、この案を採用すべきだ」

この発言には正当性を感じるのではないでしょうか。先の発言とも大きく印象が違うと思います。この発言は先の発言の「私」という言葉を「皆」という言葉に変えただけです。


人は「私」と「公」という概念に敏感に反応します。

「私」とは一般的には利己主義という意味で「エゴ」という言葉で表現されることが多いでしょう。人は敏感に人のエゴを感じ取っています。人は相手にエゴが見えると嫌悪感を覚えます。そして、エゴを感じる発言には正当性を感じません。そのため、そういった指示や意見は素直に受け入れることが難しくなってしまいます。

一方で、人は皆のため、誰かのためという意図が感じられることに美しさを覚え、時に感動を覚えます。そして、そういった発言には正当性を感じます。


本音は自分のため、でも建前は皆のため。

この社会で生きていくためには本音ではなく建前で話す。そうした方が相手も納得してくれるから。そう感じて建前を話すという経験は少なからずあるかもしれません。それは皆のためという発言が正当性を持つことを無意識的に感じ取っているからです。

こう考えてみると、人は「私」と「公」という相対する2つの概念の間で葛藤し、苦しむ存在なのだと感じます。特に、ビジネスではその2つの概念がより色濃く浮かび上がってくるため、その葛藤や苦しみを感じる機会も多くなるでしょう。

自分の利益も大事、自分以外の人の利益も大事。だから、自分の利益にもなるし、自分以外の人の利益にもなる。そういったビジネスをすることで、本音と建前の差は解消され、堂々と本音を語ることができる。ビジネスを長期的に発展させるためには、こういった状況を実現させることがリーダーには求められます。

▽心の性質47：その理由に正当性があると感じた場合、その理由は説得力を持つ。正当性を語るうえで、「私」と「公」の要素は強く影響する。

本章では論理的対話についてお話ししてきました。

論理的対話においては理由が大きな力を持ち、その理由が力を発揮する条件としては、その理由に相手が納得することが求められます。そして、相手がその理由に納得するための要素としては、相手にとってメリットがあること、相手が正当性を感じることの2つが挙げられます。

人間の心は論理に大きな影響を受けます。そのため、人を動かし導くうえでも論理的な対話を進めることは不可欠の要素だと言えるでしょう。

終章

MANAGEMENT PSYCHOLOGY FOR A LEADER

一番はじめに
動かし導く相手

第1節　知識に感情が伴ってはじめて学びとなる

人間は「人の間」と書くように、上司と部下の関係、同僚との関係、お客様や取引先との関係、夫婦関係、恋人関係、親子の関係、友人との関係など、たくさんの人間関係に囲まれて生きています。そして、それぞれの人間関係において、「相手にもっとこうしてほしい」という気持ちを抱くようになると、「どうやればこの人は動いてくれるのだろう」という問いを持つようになります。この問いに対する解のヒントとして、人間的信頼、能力的信頼、情緒的対話、論理的対話の4要素についてお話ししてきました。

ただ、本書で何らかのヒントを見つけても、それだけでは人は動いてくれません。

中国の明の時代の儒学者である王陽明は「知行合一」という言葉を残しました。

知って行わないのは、未だ知らないことと同じである。知ることは行為の始めであり、行為は知ることとの完成である。これが知行合一の意味です。

つまり、本やセミナー、講義などにおける学びとは行為の始めであり、学んだ内容を実践し、行動に移すことでその学びは一つの完成を迎えます。

大脳には感情の脳と論理の脳があるとお話ししました。

本やセミナー、講義などで理論や理屈を学ぶことは論理の脳を刺激します。インプットされた理論や理屈を行動に移すことで何らかの体験が得られ、体験が得られるとそこから何らかの感情が生まれます。そして、その感情は感情の脳を刺激します。このように、論理の脳と感情の脳の両方が刺激されると、理論や理屈といった知識は腹に落ち、現場で使える知恵となります。

理論や理屈を学ぶだけで体験や感情が伴わなければ、腹落ちしないため現場で使える知恵とはなりません。一方で、体験や感情を味わうだけで理論や理屈を学ばないのは、その体験に再現性を持たせることが難しいため、この場合も知恵とはなりません。

理論・理屈に体験・感情が伴ってはじめて学びは知恵に変わり、知行合一となります。学びが知恵に変わるまでには、繰り返し実践し、何回も体験や感情を味わうことが必要です。

そうやって手に入れた知恵は、今後の展開をワンランク上に引き上げるものになるでしょう。

好奇心から何かを学んだとしても、学んだことを知恵として習得するとなると、そのハードルは大きく上がります。このハードルを越えるために必要なこと。それは「自分」という人を動かし導くことです。

私は心理学を学び始めた時、心理学は人を動かすことができる術を教えてくれるものだと思っていました。「人を自由に動かしたい」「人を自由に導いていきたい」、心理学はそんな願望を叶えてくれる学問だという期待を抱いていました。

しかし、理論や理屈をいくら勉強しても、好奇心は満たされるものの、実践が伴わなければ日常は何ら変わりません。そこで実践してみるようにしました。普段、やらないことを実践するには意識することが必要になります。実践してみて良い結果が得られた時もありました。でも、しばらくすると意識することを忘れていました。そして、本で読んだ内容も自分の中では「そう言えばそんなことを書いてあったな」といった程度のものになっていきます。

そして、好奇心からまた新たな本を買い、読む。そんなことを繰り返していました。読んでも読んでも何も変わらない。人を動かせるようになったわけでもない、人を導けるようになったわけでもない。

「じゃ、何のために時間とお金をかけて学んだの？」

そんな問いに対して、こんな答えが自分から返ってきました。

「何も学んでないんだよ」

人を動かそうなんて、人を導こうなんて、1回本を読んだくらいじゃできるようになるわけがない。そんな願いが叶うといいなという期待に遊ばれただけ。学びだと思っていたことは、その時の好奇心を満たすだけのエンターテインメントで終わっていた。

そんなことが頭に浮かぶようになってからは、勉強したことを日々実践するようにしました。繰り返し繰り返し実践していくうちに、あまり意識しなくてもそういったコミュニケーションをとるようになっていました。


人とのコミュニケーションに対して深く意識を向けるようになると、徐々に気付くことがありました。それは「何を話すか」ということ以上に「誰が話すか」ということが大きな影響力を持つということです。


信頼されていない人は何を話したところで聞く耳を持たれない。

では、そういった人でも相手を動かし、導けるようにするためには何を話せばいいんだろう。

そんなことを考え、いろいろな人のコミュニケーションを注意深く見るようにしていました。威勢よくする、高圧的な態度をとる、不安を煽る、興味を引く話をする、楽しい話をして笑わせる、そういったことをすれば一時的に人を動かすことができ、リーダーとして導いていくこともできます。しかし、そこに信頼がなければ時が経つにつれ、人の心は離れていきます。心理学を学び、コミュニケーションについて考え、人間関係について考え、だんだんと明確になってきたこと、それは、「信頼のないコミュニケーションは力を持たない」ということでした。

当たり前のことと言えば当たり前のことです。そんな当たり前のことが少しずつ腹に落ちていきました。

信頼を築くために必要なことはたくさんあります。その一部を本書で書かせていただきました。ただ、こういったことも実践してはじめて意味をなすものです。実践するためには自分を動かさなければならない。自分を動かし、実践し、それが習慣となり、性格となるまで、継続して自分を動かし続けなければなりません。

人を動かし導くということを実践しようとする時に必要な心構えとして、相手が動くのを期待するのではなく、相手が動くように自分が変化するということです。

冒頭に人間はたくさんの人間関係に囲まれて生きているとお話ししました。上司と部下の関係、同僚との関係、お客様や取引先との関係、夫婦関係、恋人関係、親子の関係、友人との関係。ただ、ここには最も大事な人との人間関係が書かれていません。

それは「自分」という人との人間関係です。

すべての人間関係のベースには自分との人間関係があります。

自分との人間関係を抜きにして他者との人間関係を考えることはできません。自分との人間関係が良好だと、他者との人間関係に余裕ができ、他者との人間関係も良好になりやすい。しかし、自分との人間関係が険悪だと、他者との人間関係において余裕が持てないため、他者との人間関係も険悪になりやすい。

そのため、多くの人との人間関係がうまくいかないというのであれば、それは自分との人間関係を見つめるところに解決のヒントがあります。


「どうやればこの人は動いてくれるのだろう」

この問いは自分という人にも当てはまる問いです。人を動かし導くということについて、人間的信頼、能力的信頼、情緒的対話、論理的対話の４要素についてお話ししてきましたが、これは自分という相手に対しても当てはまります。

自分という相手が人間的に信頼できるか、能力的に信頼できるか、そういった信頼関係が自分との間に築けていると、自分という人を動かし導きやすい状況にあります。そして、情緒的対話によって自らの感情を動かして動機付けし、論理的対話によって自分を納得させる。

無意識のうちにこういったことができている方もいるでしょう。こういった人は、やると決めたことをやり、困難に対しても自分を動機付け、納得させて何とか立ち向かい、着実に目指す人生に近付けているのではないかと思います。

では、自分との間にどうやって信頼関係を築くのか。それはこれまでの自分との関わり方が大きく影響します。

やると決めたこと。それは自分との間の約束です。他者との人間関係では、約束を守る相手には信頼を覚え、約束を守らない相手はなかなか信頼することができない。それは自分という相手でも同じです。自分との約束を守り続けることで、自分との間に徐々に人間的な信頼関係が築かれていきます。

また、仕事でも勉強でも運動でも、何かに取り組んでみて、それがうまくできたという成功体験を積んでいくことで、自分に対して能力的な信頼を感じるようになります。それは「自信」という言葉で表現されるものでもあります。

自分という相手はすべての自分の言動を見て、聴いています。そのため、他者に対して嘘はつけても、自分に対して嘘はつけません。そういった自分という相手との人間関係がすべての人間関係のベースになっています。

▽心の性質48：知識は実践による体験と感情を伴うことで、現場で使える知恵となる。
▽心の性質49：すべての人間関係のベースには自分との関係がある。

第2節　自分を変化させ、相手との関係性を変える

「人って変わりますか？」

よくこういったご質問を受けることがあります。

人はこれまで生きてきた中で味わった成功体験、失敗体験など様々な体験から価値観や考え方を形成し、長く生きれば生きるほど、その価値観・考え方は強固なものとなっていく傾向にあります。強固に形成された価値観・考え方を変えることは容易なことではありません。

ただ、大成功と言えるほどの強烈な成功体験をした、絶望感に打ちひしがれるほどのつらい経験をした、心が奮えるような感動をした、そういった強い感情的なインパクトがあり、そして変わらなければいけない理由が自分の中で明確になった時、つまり感情と論理が強烈に刺激された時、人は変わると私は考えています。

逆に言えば、こういったことでもない限り、人はなかなか変わりません。特定の相手を変えたいと願うことはあるでしょう。しかし、相手を変えようと思えば思うほど、なかなか変わらない相手にいらだちを覚えます。人は期待を抱き、その期待が満たされないとそれは怒りに変わります。怒りを覚えると、感情が暴走を始め、自分をうまくコントロールすることができな

くなる。そのため、相手を変えようとすると、かえって相手が変わりにくい状況に陥るということは少なくありません。

「他人と過去は変えられない。自分と未来は変えられる」

これはカナダの精神科医エリック・バーンの言葉です。

多くのストレスを抱え、感情的に不安定になり、精神を病んでしまう人は、他人や過去といった変わらないものに過剰に意識を向け、そして変わらないことにストレスを覚える。そういった状況から抜け出すためには、変わらないことに意識を向けるのをやめ、変わることに意識を向けることから始める。そんなことを示唆する言葉です。

押しても開かない扉を押して開かないとストレスを抱えるのではなく、発想を変えて扉を引いてみる。すると、すんなり扉が開くことがある。これには人間関係も同じです。

相手を変えることができなくても、相手との「関係性」は変えることはできます。関係性はどちらか一方が変化すれば他方も変化します。

相手を動かすために現状の関係性を変える必要があるのであれば、相手に変化を期待するのではなく、まずは自らの相手に対する態度や関わり方を変える。そうすることで、第3章でお話しした返報性が働き、相手との関係性が徐々に変化します。

相手から認められたければ、相手を受け入れ、認めるよう、自らが先に態度や行動を変化させる。相手を動かし導けるようになるためには、相手に変化を求めるよりも、まず自らが変化することで信頼関係を築いていくことから始めるのが現実的です。

そのためには、他責ではなく自責の考え方を持つことが必要になります。

相手が変わらないことに意識を向け、ストレスや不満を抱くという他責の考え方から、相手との関係性を変えるために、まず自分から変化するという自責の考え方へ。

そして自らの変化を妨げる最大の敵、それは「面倒くさい」という感情ではないかと思います。加えて、先にご説明した「照れくさい」「当たり前」という感情も自らの変化を大きく妨げるものです。この3つの感情を克服するように自らを動かす。

つまり、人を動かし導くということは、自責の考え方のもと、「面倒くさい」「照れくさい」「当たり前」を克服し、自分を動かし導くことに始まります。

一番はじめに動かし導く相手、それは自分という相手です。

これまでの章の内容を自分との関係に当てはめて読んでみてください。きっと、新たな視点が見えてくるのではないかと思います。その視点は、自分という存在、他者という存在、そして人間関係の理解をより深めるための気付きをもたらすでしょう。

その気付きを得たうえで、改めていろいろな人とコミュニケーションをする。

その時に何を感じるのか。

それは実感していただいた時のお楽しみとしましょう。

▽心の性質50：人を動かし導くためには、まず「自分」を動かし導く必要がある。

おわりに　～激動の時代を迎えるにあたり～

人の心の理解、これは1冊の本で話し切れるようなものではありません。

ただ、その一助になればと思い、経営とビジネスの現場の経験をもとに、心理学や脳科学、歴史の話などについてお話しさせていただきました。

人の心の理解を深めることで、人間関係が改善し、組織が活性化し、業績が上がった、そういった声をいただくようになるにつれ、経営やビジネスの現場で活用できる形で人の心の理解を深めることの必要性を強く感じるようになりました。

その学びの場として、企業研修、講演に加え、一般社団法人日本経営心理士協会を設立し、経営心理学を体系的に学び、ワークや議論を通じて感情を動かし、経営心理学の知識を知恵に変えていくための講座を開催しています。

クライアントや受講生の方との双方向のコミュニケーションを通じ、今、現場の経営者やビジネスマンの方々が何を考え、何を感じ、どんなことに悩んでいるのかについて、毎回毎回多くの気付きをいただいています。

この気付きをもとに、さらなる活動を続けていきたいと考えています。

これからの日本は少子高齢化、グローバル化、機械化という流れの中で大きな変化を迎えようとしています。少子高齢化の影響で、労働人口は減り、経済の先行きが懸念される状況です。現時点では小康状態を保っている日本経済ですが、東京オリンピックが終わった後、一つの正念場を迎えるでしょう。正にまったなしの状況です。

今、様々なところで「日本再生」「日本を元気にする」といったことをテーマとしたイベントや会合が行われています。こういった動きが活発になっていることは、多くの方がこれからの時代に強い危機感を覚えていることの表れでしょう。

社会的な危機感が強くなればなるほど、時代は公欲の強いリーダーを求めます。まず自らが経済的にも精神的にも強い組織をつくり、その力をもって日本のため、社会のために貢献できることから始めていく。そういったリーダーの方を応援していく、あるいは育てていく、それが今、私がやろうとしていることです。

第3章でお話しした通り、マイケル・ガーバーはインパーソナルドリームに基づいて動いた経営者が長期にわたって成功することができたと話しています。

結果として公欲を強く持てたリーダーが成功し、そのリーダーの組織が繁栄している。

これは経営、ビジネスにおける一つの傾向と言えるでしょう。

もちろん公欲の強さだけで成功するとは限りません。優れたビジネスモデルや戦略、人を惹きつけるリーダーシップやコミュニケーションなど、必要とされるものは他にもあるでしょう。そういったことを考えるにあたり、一度、人間とは、人間の心とは、ということにじっくり向き合い、学ぶ機会を設けることは大きな意義があると感じています。

本書がその一助となったならば幸いです。

このたびの原稿を執筆するにあたり、たくさんの方々にお世話になりました。貴重な助言をいただいた阿部知佐子様、安藤武文様、石下貴大様、石澤政己様、内田晋太郎様、奥田弘美様、小口孝司様、神谷正晴様、木幡高久様、小室吉隆様、小山茂樹様、近田恵子様、佐藤貴弘様、田中宣章様、出縄昊一様、中山達樹様、西川尚文様、堀内裕子様、三浦謙吾様、三宅祐介様、山田勝也様、類家好児様（五十音順）、そして日本経済新聞出版社にて粘り強く私を担当していただきました森川佳勇様、皆様に心より感謝申し上げます。

心の性質一覧

心の性質1：生存欲求、関係欲求、成長欲求という根源的な欲求を抱いている。

心の性質2：良い人間関係を築き、自分のことを認めてもらいたいという欲求を持っている。この欲求は健康状態にも影響を及ぼすほどに強い欲求である。

心の性質3：自分のことを認めてくれる相手は自分も認めようとし、自分のことを否定する相手は自分も否定しようとする。

心の性質4：人から否定されることに大きなストレスを覚える。相手を認めることは、相手を否定しないよう配慮することから始まる。

心の性質5：何かの問いを持つと、その問いの解を探そうとする。

心の性質6：何歳になっても成長の跡を褒めて欲しいという気持ちは変わらない。

心の性質7：「当たり前」の感覚を持たなければ、そのことに感謝することができる。

心の性質8：「照れくさい」を克服できるとコミュニケーションに変化が生まれる。その変化は時に感動をもたらす。

心の性質9：「聞く＋共感」の「聴く」は相手に安心感を与え、人間的信頼のベースをつくる。

心の性質10：結果だけでなく、プロセスで味わった気持ちも分かって欲しいという気持ちを抱く。

心の性質11：自分の気持ちを分かってくれる人の言葉は受け入れようとする。

心の性質12：自分の成長を信じたい、自分の可能性を信じたい、自分を信じたいという欲求を持つ。

心の性質13：周りの人から期待されたり、信じてもらったりすると自信を持てるようになる。

心の性質14：指示、命令されるよりも、優れた能力や長所に気付かせてもらい、自己認識に変化をもたらされる方が、その方向に向かって動く可能性が高い。

心の性質15：自分が気付いてない能力や長所に気付かせてくれる人、自分のさらなる可能性を信じてくれる人は、かけがえのない存在となる。

心の性質16：相手が信頼できるかどうかを判断する際に、発言と行動が一貫しているか、人に対する態度が一貫しているか、窮地と平常時の振る舞いが一貫しているかを見る。

心の性質17：欲には私欲と公欲がある。

心の性質18：大きな公欲を持つことは、仕事や人生のスケールを大きくする。

心の性質19：一つの体験に対して成功・失敗の原因を分析し、そこから持論を導き出したうえで、応用的な実践を行う。このサイクルを回すことで成長の速度は上がる。

心の性質20：マネージャーには目的を遂行する力と人間関係を良好に保つ力の両方が求められる。

心の性質21：自分一人がヒーローになろうとするのか、チームや組織全体をヒーローにしようとするのか、その意識の持ち方がマネージャーとしての能力を大きく左右する。

心の性質22：部下の成長そのものを自分の喜びとできることは、マネージャーとしての重要な能力であり、その能力は部下の成長を促進し、組織の成長も促進させる。

心の性質23：相手を認めるためのコミュニケーションは、お互いの感情を良好な状態に整える。

心の性質24：自分の感情は相手に伝染し、相手の感情は自分に伝染する。

心の性質25：立場が上の人の感情は、立場が下の人の感情に強く影響する。

心の性質26：動機には快を味わいたいという快追求型の動機と、不快を避けたいという不快回避型の動機がある。

心の性質27：ドーパミンが分泌され快の刺激を味わうと、またその刺激を味わおうとする動機が生じ、強化学習が起きる。

心の性質28：窮地に追い込まれ恐怖を感じると、ノルアドレナリンが分泌され、集中力、判断力が高まり、その恐怖を回避しようとする強い動機が生じる。

心の性質29：消費行動の動機も、快追求型の動機と不快回避型の動機がある。

心の性質30：リーダーシップのタイプにも、快追求型のリーダーシップと不快回避型のリーダーシップがある。

心の性質31：快追求型のリーダーシップを中心に、必要に応じて不快回避型のリーダーシップを発揮する関わりが人と組織を活性化させるうえで効果的である。

心の性質32：感情は起きた出来事に対する意味付けによって変わる。

心の性質33：相手を動機付けることを難しくしている要因を探り当て、意味付けを変えることで、相手を動機付けたい方向に導くことができる。

心の性質34：ストーリーは感情を動かす力を持っている。相手を動機付けし、その動機を強化していく際に、ストーリーは大きな力を発揮する。

心の性質35：助言や説得の際にストーリーの力を活用することで、間接的にメッセージを伝え、相手の心を動かすことができる。

心の性質36：ストーリーが存在するものに価値を感じる。

心の性質37：「未来」に対するイメージの抱き方によって、「今」の感情や生き方が大きく異なる。

心の性質38：ワクワクする未来のイメージによって人は大きなエネルギーを得ることができ、そのエネルギーを得るために人はワクワクする未来を掲げる人の下に集まる。

心の性質39：属する組織の目上の人間に未来の自分を投影する。

心の性質40：買った後の未来を具体的にイメージできないものには価値を感じにくい。

心の性質41：起きた出来事について理由を手に入れようとし、理由を伴う情報に重要性を感じ、理由の内容に感情は大きく影響を受ける。

心の性質42：説得推論や例証を用いた話し方をされると納得しやすい。

心の性質43：取り組むことに対して、その理由を明確にすることでモチベーションも達成できる確率も上がる。

心の性質44：キャリアや任せる仕事にまつわる理由を説明することで、部下のモチベーションは上がる。

心の性質45：商品にまつわる理由を説明されると商品に対して興味が湧きやすくなる。

心の性質46：相手にどのようなメリットがあるのかを明確にし、ＷＩＮ－ＷＩＮの関係を築こうとする対話は、説得力を持つ。

心の性質47：その理由に正当性があると感じた場合、その理由は説得力を持つ。正当性を語るうえで、「私」と「公」の要素は強く影響する。

心の性質48：知識は実践による体験と感情を伴うことで、実務で使える知恵となる。

心の性質49：すべての人間関係のベースには自分との関係がある。

心の性質50：人を動かし導くためには、まず「自分」を動かし導く必要がある。

著者紹介

藤田耕司（ふじた・こうじ）

公認会計士、税理士、心理カウンセラー、一般社団法人日本経営心理士協会代表理事。

1978年生まれ。2002年早稲田大学商学部卒業。04年公認会計士試験に合格、同年有限責任監査法人トーマツ入所。12年に独立し、数字と心理の両面から企業の経営改善を行う。15年一般社団法人日本経営心理士協会設立・代表理事就任。1,200件超の経営改善の事例に基づいて経営にまつわる心理を体系的に学ぶ経営心理士講座を主宰。受講者数はのべ1万人を超え、海外からの受講者も増えている。

【著書】

『もめないための相続心理学』(中央経済社)

リーダーのための経営心理学
——人を動かし導く50の心の性質——

2016年6月24日　1版1刷
2024年6月13日　9刷

著　者　藤田　耕司

発行者　中川　ヒロミ

発　行　株式会社日経BP
日本経済新聞出版

発　売　株式会社日経BPマーケティング
〒105-8308　東京都港区虎ノ門4-3-12

印刷／製本　中央精版印刷
ISBN978-4-532-32043-0

Printed in Japan